手間がゼロになる

家事ワザ
250

JN055198

KADOKAWA

この本を手に取ってくださりありがとうございます。

私は、元々、掃除や収納を気にすることもなく生活していたので、常に部屋もグチャグチャで出かける際にはいつも探し物をしてばかり。気持ちもどこか焦っていることが多かったように思います。しかし、当時は、その生活が私にとっての普通であり、改善しよう！してみたい！などとは全く思っていませんでした。

そんな中、第3子を死産してしまって大きなショックを受け、しばらく家に引きこもるようになりました。

そんな生活がしばらく続いたある日「よし、明日の朝起きたらリビングの雑巾掛けをしよう！」、そう思い立ったんです。思いっきり泣いてドン底までへこみ続けたので、何か自分を変えようとするサインだったのかもしれません。実際に翌朝、雑巾掛けをしてみたら、その間は悲しみから解放される！掃除っていいな！と思い、その日を境に掃除をする箇所をどんどん広げていきました。(次第に収納にも興味を持ちだしたんです)。

当時は会社員だったため、しばらくして職場に復帰し、子どもたちを保育園に預けながらの生活が始まりました。仕事と家事、育児の両立は思ったより大変で、毎日が戦場。「早く着替えて」「早く食べて」「時間がないから早くして」、帰宅してからも翌日の保育園の準備や、ごはんを食べさせるにも一苦労。テーブルに座れば「ふりかけが欲しい」「スプーンがない」、せっかく座ったのに…も〜！とイライラすることが多かったんです。子どもたちを寝かしたあとには、部屋もグチャグチャ。寝る前には、いつもなんでこんなに怒ってしまったんだろう…と一人で反省することばかりでした。

そんな自分がもう嫌！不便を一つずつ解決していこう、と子どもを寝かしつけたあとに夜な夜などうすればよいのかを考え、収納による改善を始めました。例えば、テーブルに座ってから「ふりかけが欲しい」「スプーン取って」と言われても、椅子に座ったまま取れる場所に収納しておけば、立ち上がることすらないのでイライラもせず怒ることもなくなったんです。

このようにイライラポイントを、動線を考えながら収納の仕組みで排除していく。こんなやり方であらゆる場所のイライラポイントを少しずつなくしていきました。

また、当時、保育園の準備も着替えも手伝っていたのですが、子どもたちにできることはやってもらおう！私だけでやることが多いから余裕がなくなりイライラするんだ。子どもたちが一人でも着替えがしやすいような仕組みを工夫したり、おもちゃは子どもの意見を多く取り入れて一緒に収納を作ったり。私だけの意見ではなく、夫も含めて家族を巻き込んで改善していきました。

その結果、私自身の負担がグッと減って、怒ることも激減し、家族に感謝することが増えていきました。

それからも、更に時短にする仕組みを考えることが、私の頭の中で習慣化されていきました。

「掃除」「洗濯」「料理」などの行動のカテゴリーごとに、いかに動かずに究極の短時間で完結する仕組みを作るか…考えては実践を繰り返し、それをゲーム感覚で楽しんでいる自分がいました。

結果、家の中で家事をしているという感覚があるのは、今では料理だけになりました。

掃除をしなきゃ、片づけをしなきゃ！と気負うこともうありません。自然と片づく仕組みのおかげです。

今や、片づいた部屋で過ごす時間は至福です。家事を仕組み化することで、自分の時間も確保でき、今自分はどんなことに時間を使いたいのか？ということも明確になり、充実した毎日が送れるようになりました。

もしかしたら、今読んでくださっている方の中には「イライラから解放されたい」の先に「もっとラクに生活したい」「もっと素敵に収納を見直したい」「自分のために使える時間がもっと欲しい」、そういう前向きな思いを抱いている方も多いのではないかなと思っています。

どうかこの本がきっかけで、そうした方々の生活がずっと快適になり、理想の生活を手に入れてくださることを願っています。

aki

「めんどくさい」を感じたらトライ！
手間ゼロの手順

室内干しラックを
使わず干したい！

室内干しが
リビングを占領…

めんどくさくない
方法を
考える

「めんどくさい」の逆の状態って
何だろうと考えます。右の室内干
し問題なら、リビングが占領され
ない干し方って？　そもそも室内
干しラック自体が邪魔かも。それ
ならラックを使わず干す方法はな
い？などイメージしてみます。

なぜ
めんどくさいのか
考える

なぜ自分はイライラするのか？　原
因をまず考えます。めんどくさいと
いう感情は悪い面ばかりでなく、改
善点に気づくいいきっかけでもある
のです。例えば室内干しがリビング
を占領して邪魔、くつろげない、と
感じたら改善のきっかけ。

もっと「めんどくさくない」方法がないか、日々トライ&エラー！

しまう場所の
そばに干したら
手間ゼロ！

手間ゼロの
仕組みが完成！

試してみたとき、ストレスなくスムーズにできれば成功！ しばらくその方法を続けると新たな「めんどくさい」が生まれることもあります。その際はまた原因を考えて、それとは逆の状態になるにはどうしたらいいか？を繰り返します。

干したいときだけ
さっと使える
ものがいい！

どこに？
何を使うか？
試してみる

イメージが固まったら、それを実現するアイテムや設置場所を模索。室内干しの場合、リビングと和室の境目に洗濯物を干せるロープがあれば干してあっても邪魔じゃないし、しまうのもラクと判断。ネットや100円ショップなどでアイテムを探し、試します。

第4章

手間がゼロになる **片づけワザ**…… 69

第 6 章

手間がゼロになる

子どもにまつわる**家事のワザ**…157

本書の使い方

手間ゼロを求めている忙しい人でも、知りたいネタがサッと分かり、すぐ真似できる構成にしました。まずは苦手なジャンルの章から読んでみて。見出しと写真を見ればコツがだいたい分かります。読む手間もなるべく省きました。

苦手な
ジャンルから
読もう!

見出しだけでも
コツがだいたい
分かる!

写真で
ポイントを
紹介

ワザの詳細は
こちらに

※フックを付ける際は耐荷重や壁などの材質を確かめましょう。
※床や壁などの材質により、紹介している洗剤やグッズが不向きな場合があるので、事前にご確認ください。
※掲載商品は、現在お取り扱いしていない場合や、店舗によって在庫がない場合もあります。
※100円ショップの商品については、価格が100円ではないものも含まれます。

\インスタで盛り上がった！/
akiさんの
手間ゼロ
神ワザ5

日用品1年分まとめ買い

使うそばに
まとめて収納

使い始めの日付を記入→使い終える
まで何日間か？→それを1年分で計
算すると、1年分の日用品の目安量
がわかります。収納場所は使う場所
の近くに分けると、スペースも確保
しやすく、便利でオススメ。

\ aki's comment /
日用品のことを
何も考えずに
1年過ごせて快適！

①○○がなくなった…買いに行かなきゃ！　覚えておかなきゃ！のタスク
②ドラッグストアに行く手間（近くても往復20〜30分は取られる）
③メモをして買いに行ってもメモを忘れて、買い忘れをする
④新製品が気になり悩む時間が増え、余分なものを買って出費も増える
①〜④を全て解消するために始めた日用品1年分収納。結果、家の中に全部在庫があ
る状態に。ムダ買いがなく節約にもつながります。不安な人は、まず3カ月、できそ
うなら半年、1年と増やしていくと挑戦しやすいかもしれません。

一生ラクになる
書類ファイリング

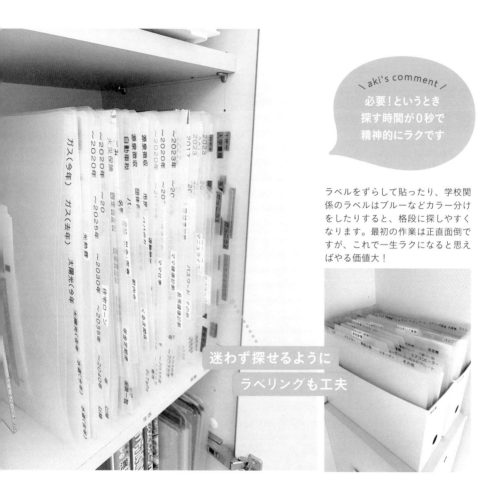

\ aki's comment /

必要！というとき
探す時間が0秒で
精神的にラクです

ラベルをずらして貼ったり、学校関係のラベルはブルーなどカラー分けをしたりすると、格段に探しやすくなります。最初の作業は正直面倒ですが、これで一生ラクになると思えばやる価値大！

迷わず探せるように
ラベリングも工夫

毎日のように届く書類。家の中で一番散らかる原因だと思っています。その分、一度書類収納を整えれば、その後イライラすることなくラクができます！　書類は1カ所に収納するのではなく、確認をする頻度によって場所を変えます。「1年以内に確認する家庭書類」はリビングで一番確認しやすい場所に収納し、「取扱説明書」「保証書」はほとんど確認の必要がないため2階に収納。家庭書類は「保険」「生活」「学校」の3つに分類し、手間なく入れられる100円ショップのポケットファイルを愛用しています。

3 室内干しは洋服を0歩で しまえる位置に

干すグッズも
0歩で取れる！

干す場所のすぐそばの壁にフックを
つけ、ハンガー類を掛けて収納。道
具を出し入れする手間もなし。洋服
収納（納戸）にもかなり近いので1
歩も歩かずに乾いた服をしまえます。

\ aki's comment /
室内干しスタンドを
出して、しまうという
手間からも解放！

家事の中でも洗濯が一番嫌いだったので、どうにか1秒でもラクできる方法を考え抜
いた結果。室内干しスタンドが床に置いてあると、リビングでくつろぐスペースが少
なくなってしまうのが嫌だったのと、掃除をする際にどかすのも手間だったので、干
す際も浮かそう！という発想から、リビングと和室の境目に、壁に収納できるワイヤ
ー式の物干しを設置。この位置だと、リビングの南向きの窓と和室の北側の窓を開け
ると家の中に風が通り抜けて洗濯物が早く乾きます。小さなことですが、物や場所の
選び方一つでグッとラクに生活できるようになるんです。

神ワザ
4 水切りカゴをノンストレス仕様に カスタマイズ

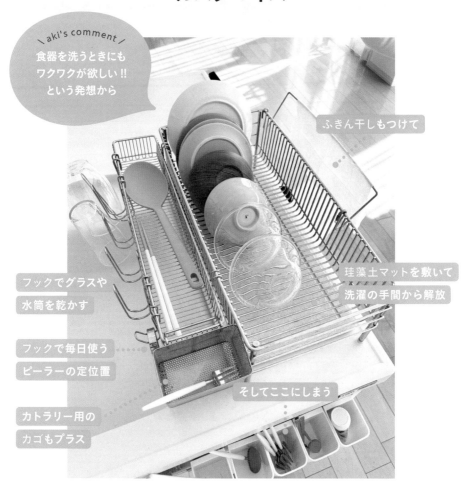

\ aki's comment /
食器を洗うときにも
ワクワクが欲しい!!
という発想から

ふきん干しもつけて

フックでグラスや
水筒を乾かす

珪藻土マットを敷いて
洗濯の手間から解放

フックで毎日使う
ピーラーの定位置

そしてここにしまう

カトラリー用の
カゴもプラス

キッチンに出しっぱなしの水切りカゴ。常に視界に入るからこそ、見た目も機能性も
よく、手入れが簡単なものを、とステンレス製に。よく使う食器のサイズや厚みを考
慮し、水切りカゴにスッキリおさまって、ちゃんと立つ感覚を味わえるものを選んだ
ので「いかに乾きやすく・キレイに置けるか」ワクワクを感じながら洗えます。カト
ラリーを片づけるときに取りづらいのがプチストレスだったので、水切りカゴの手前
やサイドに100円ショップや無印良品のカゴやフックをつけてカスタマイズ。ふきん
もすぐ乾くように、100円ショップのバーをつけました。

\神ワザ/
5　子どもが自分でできる
学用品&プリント収納

\ aki's comment /
**子どもも自分も
ラクできる仕組みを
徹底的に追求!**

子どもがプリントを収納場所に入れる際、手がトレイに当たると、プチストレスになって入れてくれなくなるだろうと思い、幅・高さに余裕のあるトレイに。おかげで毎日入れてくれて助かっています。

**子ども2人の学校のしたくに
必要なものを集結!**

鉛筆削り収納、給食ナプキン収納、ランドセル収納のそばに、プリント収納も設置。翌日の準備をするときに必要なもの・必要なことを全て近くに収納することで、子どもたちが自分ででき、プリントもトレイに入れてくれます。トレイのプリントは私が目を通し、処分してよいものはすぐ下の「捨てるプリントトレイ」に。保管が必要なものはランドセル収納の隣のジャバラのファイルボックスに。その場でプリントの確認から収納まで一気にできるため、負担がありません。毎日忘れずに行うことは、とことんラクに作業できる仕組み作りが大切です。

第1章

手間が**ゼロ**になる

0

掃除ワザ

手間ゼロ
掃除

掃除機は部屋の隅に
秒で取れるようスタンバイ

リビングとキッチンの間に
スタンバイ！

家で過ごす日は、決まって「リビングをめちゃくちゃキレイにしてから過ごす」のがわが家流。リビングとキッチンの間の死角に、掃除機を浮かせて収納しています。ここにあれば、やろうと思ったらすぐ床掃除ができる仕組みです。

(ビーズクッションは
つるしておけば
床掃除ストレスゼロ)

掃除機をかけよう!と思う朝に、「めんどくさい」という気持ちはほぼなし。それは、床にほぼものがなく、「どかす」という行動をしなくていいから。使わないときはビーズクッションをつるしておくだけで、ノンストレス。

フックで浮かせてるよ

DAILY LIFE

(ゴミ箱は浮かせる!)

ゴミ箱も床置きせず、壁にフックをつけて、100円ショップのポリ袋をつり下げています。袋はまとめて引っ掛けているので、手前の1枚だけ広げておけば、パッとゴミが捨てられて、溜まったら袋をひっぱって外すだけ。

テレビの裏にほこり取り。
気づいたらすぐ掃除できる

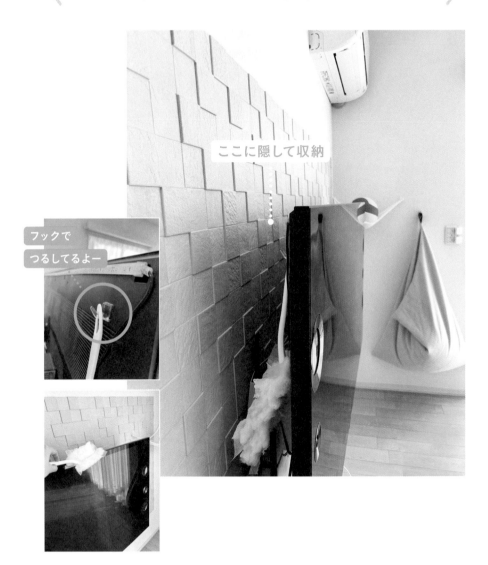

ここに隠して収納

フックで
つるしてるよー

ゆっくり過ごす前に片づけや掃除に時間を取られて疲れちゃうのはイヤ。一瞬でキレイになるように、テレビ裏にフックをつけて、ほこり取りを浮かせています。ほこりが気になったら、CM中にサッと取って、サッと掃除が終わります。

机拭きシートは座ったまま
取れる位置に浮かせる

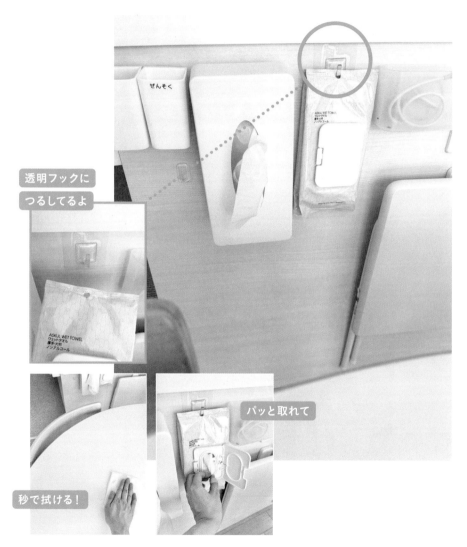

ぜんそく

透明フックに
つるしてるよ

ASKUL WET TOWEL
ウェットタオル
厚手大判
ノンアルコール

パッと取れて

秒で拭ける！

ダイニングテーブルの椅子に座ったまま手を伸ばせば、片手でウェットティッシュが取れます。食後の机拭きもすぐ終わるし、子どもが食事中に口を拭きたいときも、パッと使えるので、私も子どももノンストレス。

床掃除はロボット掃除機に任せる！

床をキレイにしてくれて
ありがとう！

ここにスタンバイ！

扉を開けると…

毎日、掃除機をかけて、週に1回は床の水拭きをしていましたが、忙しいとき、疲れているときはヘトヘト…。だから、家族がいない平日は、<u>床掃除と水拭きを一気にロボットに頼むことに</u>。自分で掃除するよりキレイにしてくれます。

寝るときの
加湿器代わりに室内干し

寝るすぐそばに
干してます!

室内干しと加湿を兼ねて

ずっと加湿器を使っていましたが、手入れが簡単なものを選んでいても、やっぱり掃除をするのが手間で、置くのも場所を取る。冬は加湿器の代わりに、夜に洗濯して部屋干しにし、寝ている時間の乾燥対策をしています。

クリスマスツリーは浮かせて飾る

ダイニングから見える場所に

掃除機がけが
スイスイ〜〜♪

ツリーを置くと、掃除のとき、わざわざどかさなきゃ！　床に置くことで空間
が狭くなって、くつろげるスペースが減るのもイヤなので、壁かけ用のツリー
をフックに掛けて飾っています。浮いていると、やっぱり掃除がラク！

げた箱の扉の裏に
玄関掃除道具をスタンバイ

扉を開けると！

玄関のげた箱の扉の内側収納が便利。ここにフックを取りつけて、ほこり取り
とほうきをつるしています。道具をラクに取り出せて、サッと棚のほこりを取
って、サッとたたきの掃き掃除。毎日の玄関掃除が一瞬で完了します。

冷蔵庫は簡単に動かせるから
下&裏は5分でキレイになる!

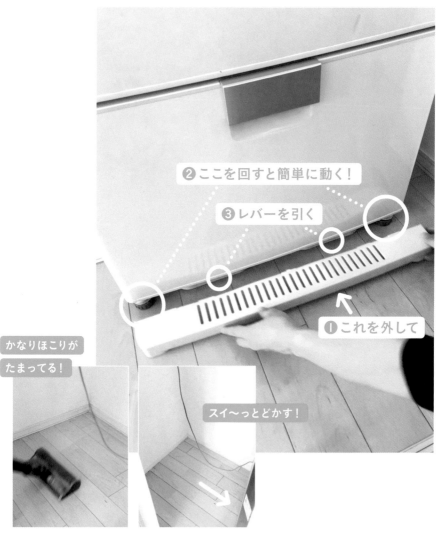

❷ここを回すと簡単に動く!

❸レバーを引く

❶これを外して

かなりほこりが
たまってる!

スイ〜っとどかす!

冷蔵庫下のカバーを手前に引いて外し、両側の脚にあるコロをゆるめます。下面にあるレバーを引いて冷蔵庫を動かしたら、裏側や床、コンセント、コードについたほこりを拭き取って戻すまで5分で完了。

シンクとまわりの小物は
放置掃除でいつもピカピカに

50℃のお湯と
酸素系漂白剤を入れ

2

水切りカゴなど
小物を全部シンクに

1

お湯を抜いて
流したらピカピカ！

4

１～２時間の放置

3

水切りかごなど、シンクに全部入れてまとめて掃除します。50℃のお湯に酸素系漂白剤を大さじ８くらい入れて、お湯をシンクギリギリまでためるのが私のこだわり。外出時間を活用して１～２時間放置すれば、勝手に真っ白キレイに！

洗面所のゴミ受けは
ステンレス製に替える！

浴室のゴミ受けも！

ZOOM!

ステンレス製のゴミ受けは、ゴミがたまると目に見えて分かるので、気づいたらすぐティッシュで取るだけ。そのおかげでいつも清潔さが保てて、大がかりな掃除が不要。2つある洗面所はどちらもこのゴミ受けを使っています。

トイレ掃除道具は
即、手に取れるように

フックで浮かせてるよー

リングフックで
浮かせてるよー

スプレーはココ！

トイレブラシはココ！

収納する高さや場所を考えているから、洗剤スプレーを取って、ブラシを取って、トイレットペーパーで掃除をするという流れがスムーズ。床に何も置いていないので、衛生的で掃除もラク。

ウエスで栓をして
水をためる！

（ 専用洗剤なしで
排水口掃除 ）

ハウスメーカーの方から教えていただいた、水圧で排水管を一気にキレイにする方法。排水口にウエスをギュッと詰め込み、シンクに熱めのお湯を張ったら、ウエスを抜いて一気にお湯を流すだけ。勢いよく流れたら、詰まりがない証しです。

秒で使える！

（ スポンジは
洗面ボウルの
すぐそばにつける！ ）

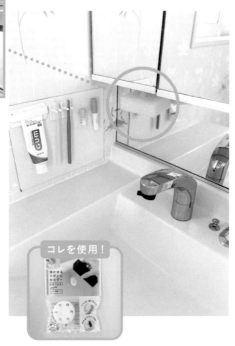

コレを使用！

洗面台の鏡下のスペースを活用。DAISOの「浮かせるスポンジホルダー UKIUKI mini」をくっつけて、スポンジを浮かせています。洗面台には何もじか置きせず、汚れに気がついたときに、スポンジでサーッと洗面ボウルを洗い流すだけ。

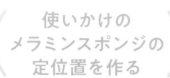

コレを使用！

使いかけの メラミンスポンジの 定位置を作る

小さいメラミンスポンジを愛用しているので、使うとさらに小さくなるし、置き場に困っていました。Seria の「フィルムフック 水が切れる石けんトレー」は鏡に貼りつけられ、スポンジの角がリングにハマって、水切れもよし。

日が当たって
乾きやすい♪

干したまま窓を開けられる

掃除タオルの 乾かし場所を作る

洗面所の汚れが気になったら、サッとタオルで拭いて洗って、フックに掛けていたけど、乾きが悪いときもあるし、なんか不衛生…。そこで窓枠に突っ張り棒を取りつけて、太陽の光を活用！ここにタオルを掛ければすぐ乾きます。

お風呂で使うものは
壁にくっつける！

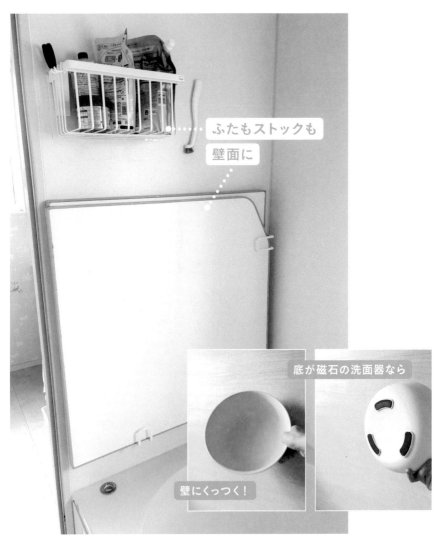

ふたもストックも
壁面に

底が磁石の洗面器なら

壁にくっつく！

お風呂掃除が苦手。掃除と手間をなるべくゼロに近づけるべく、とにかく浮かす収納で解決！　手を伸ばせばすぐマグネットで貼りつけた桶や、マグネットラックの中のストックが取れます。お風呂のふたも浮かせていると、掃除がラク！

浴室のゴムパッキンのカビは
漂白剤＋片栗粉

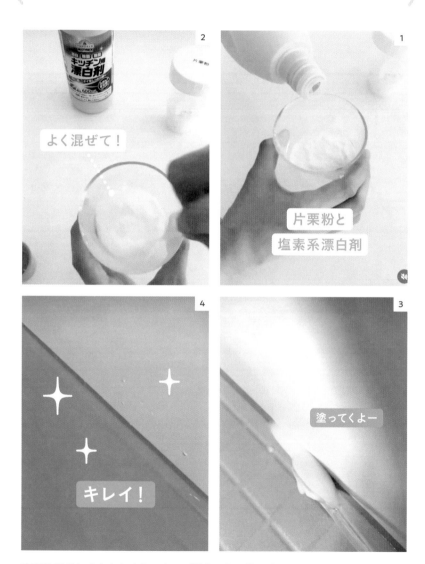

2 よく混ぜて！

1 片栗粉と 塩素系漂白剤

4 キレイ！

3 塗ってくよー

専用洗剤がたくさんあると、ものが増えるし、使いきれない。お風呂の掃除をサボると、黒カビがすぐ生える…。そんなカビに片栗粉のとろみが密着して、1時間くらい置いたら水で流すだけでスッキリ。換気をして、気になる人は手袋も。

これさえやっておけば気持ちよく過ごせる！
毎日（平日）の掃除ルーティン

今までは、気づいたら掃除をするスタイルでしたが、最近、私の中で変化がありました。毎日の掃除を多くしたり、絶対と決めるのは自身の負担になる、でも毎日ラクにキレイな空間で過ごしたい‼　ただ、気づいたらするスタイルだと**「いつ掃除したっけ」「そろそろしなくちゃ」と意識することすら手間だ**と感じてきて…。

そこで、**歯を磨く、ご飯を食べるのと同じように、朝の簡単掃除を習慣にする**ことに。空間がキレイで気持ちよく過ごせると思った最低限のことだけを、毎朝やることにしています。「よし！　今日もがんばるぞ！」とエンジンがかかるし、休日は基本、掃除はお休み。これなら案外ズボラな私にもできています。ただし、掃除グッズは「必ず近くに収納」は必須。

毎日（平日）やっている掃除リスト

- 窓を全開にして、新しい空気を入れる
- 玄関の掃き掃除（子どもを見送る or 郵便物を取るついでに）
- テレビの上のほこり取り
- ロボット掃除機のスイッチをオン
- 簡単トイレ掃除（トイレに行ったついでに）
- 洗面台掃除（顔を洗うついでに）
- 長男が、毎朝お風呂掃除をしてくれる（感謝）

第 2 章

手間が ゼロ になる

0

洗濯ワザ

洗濯の片づけは一歩も動かず
ポイポイ収納

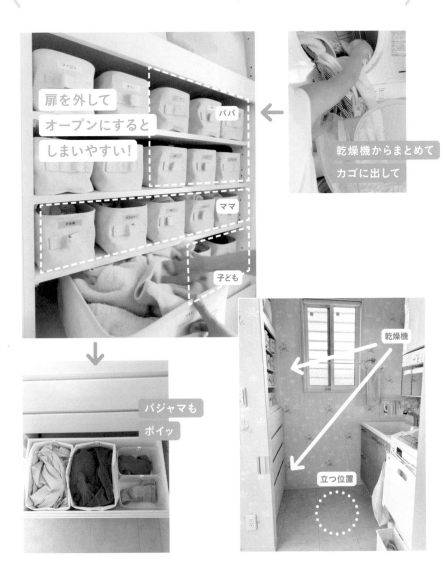

扉を外して
オープンにすると
しまいやすい!

パパ

ママ

子ども

乾燥機からまとめて
カゴに出して

パジャマも
ポイッ

乾燥機

立つ位置

洗濯がキライなのは、畳む時間がイヤすぎるから。畳まない仕組みにしてアイテム別のボックスに放り込むだけ。子どもは一番下、次はママ、パパと、背丈で棚の位置も工夫。最後にリビングに戻すものもポイッとしまって5分で完了!

室内干しそばの収納に
扇風機の定位置を作る

定位置見つけた

扉を閉めれば

スッキリ！

そのまま洗濯物を

乾かせる！

床に扇風機を置くと、掃除機をかけるとき移動させるのが手間。サーキュレーター代わりに使うことが多いので、部屋干しの近くの扉の中に収納することに。扉を開いて、洗濯物を乾かせます。扉を閉めてしまえばスッキリ。

パジャマはワンサイズ
大きいものにして乾燥機へ

ワンサイズ大きいのを買って
乾燥機にかけちゃう！

パジャマは

干すのがめんどくさいから

After

-4cm

-5cm

-3.5cm

ワンサイズ弱縮んで
ちょうどよくなったw

Before

家族みんなのパジャマを干すと、2、3分はかかる…。できることなら、乾燥機で乾かしたい。そう考えて、子どもたちのパジャマは縮んでもいいように、いつもワンサイズ大きいものを購入。思ったとおりちょうどいいサイズに！

敷きパッドは週1で
月曜日に洗う

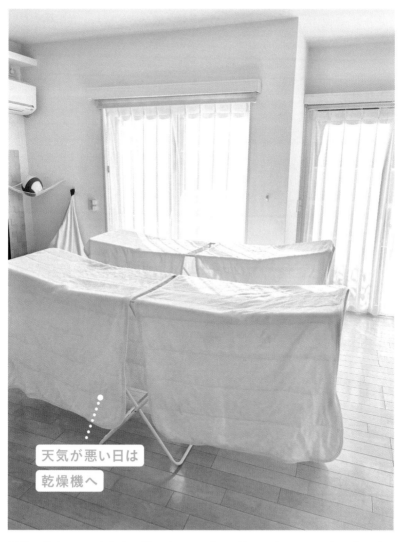

天気が悪い日は
乾燥機へ

以前は敷きパッドをたまに洗い忘れて、「いつ洗った?」と思い出す時間がむだだと感じていたので、月曜日に洗うと決めています。「絶対」が負担になる場合もありますが、決めることでラクに、清潔に過ごせている気がします。

夏はマットレスを丸洗い

2 じゃぶじゃぶ シャワーで水洗い

1 マットレスを分解する

4 セットして完成

3 日陰で乾かしたら

子どもたちのマットレスは丸洗いできるから、夜中に子どもが鼻血を出して汚れても大丈夫。中にほこりや髪の毛が入っているので、はたいて汚れを落としてから洗うのがポイント。天気のいい夏は一瞬で乾きます。

洗濯ハードルゼロの
カーテンの洗い方

1

カーテンフックを
つけたままくるくるくる

2

洗濯ネットに
イン!

3

濡れたままかけて
完了!

カーテンを取り外したらフックが取れないように内側に包み込むようにして畳みます。洗濯ネットに入れて、好きな香りの柔軟剤も入れて洗濯機で洗うだけ。洗い終わったらすぐレールに掛け、乾かしながらいい香りでリラックス効果も♪

タオルは畳まずに放り込むだけ

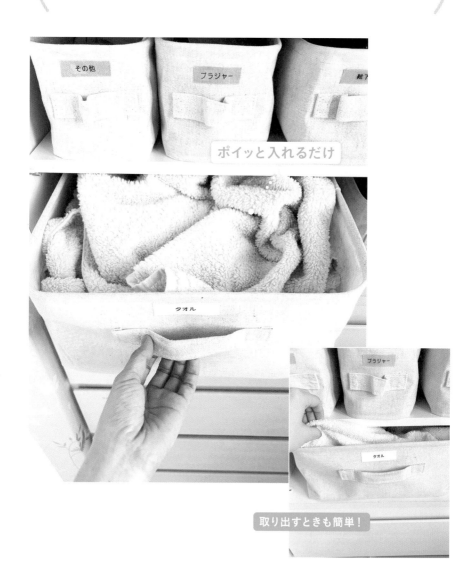

ポイッと入れるだけ

その他
ブラジャー
靴下

タオル

取り出すときも簡単！

ブラジャー

タオル

タオルってキレイに畳んでも、一瞬で広げて使われます。畳む必要ってそもそもないかも！ ほかの洗濯物と同じように収納ボックスに放り込むだけにしたら、見た目のスッキリさを崩すことなく、片づけもラク！

ビジネスソックスは
片方ずつ放り込む

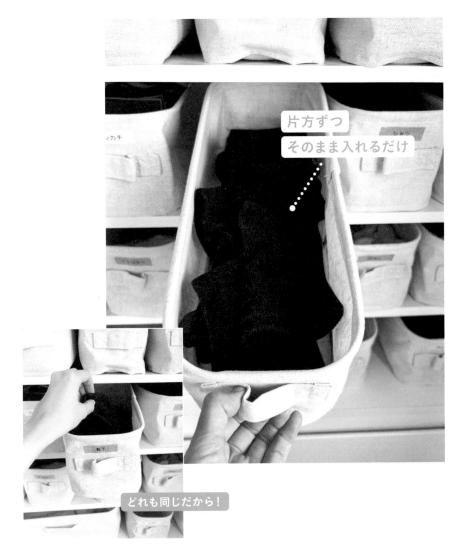

片方ずつ
そのまま入れるだけ

どれも同じだから！

ビジネスソックスは、形も色もすべて同じ種類のものを購入しています。だから対にして畳む必要がないし、パッと2つ取って履けるので、毎日の効率もいい。ちょっとしたことだけど、こうした家事が1つ減るだけでラクなんです。

洗濯用ハンガーの取り替え用
ピンチを替えたらめちゃくちゃいい!

2

取り替え用ピンチを
結束バンドで取りつけ

1

まずは全部取り外して

引っ張って取れる
ピンチに交換

3

引っ張るだけで
一気に取れる!

乾いた洗濯物をピンチから1つずつ取り外すのも地味に手間が…。できれば一気に洗濯物を引っ張って外したい。気に入るピンチハンガーがなかったので、ピンチだけを取り替えました。一気に外せるとやっぱり時短でラク。

靴乾燥機さえあれば
予備のスニーカーは必要なし

玄関洗面シンク下に
収納してるよー

わが家の子どもたちは雨の日もスニーカーなので、予備のスニーカーを1足ずつ持っていたんです。雨が降らなければ、予備はキレイなままでサイズアウトするからもったいない。靴乾燥機ならすぐに乾いて、むだなく効率がいい！

45

片手で開けて使えるケースに

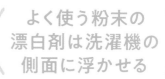

洗濯機と洗面台の間に

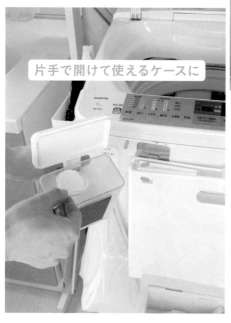

よく使う粉末の漂白剤は洗濯機の側面に浮かせる

狭い空間でも、毎日使うものは出しっぱなしですぐ取りたい。そんなときに洗濯機の側面や前面をフルに使うのがおすすめ。粉末の酸素系漂白剤はマグネットと取っ手つきで、片手でふたの開け閉めができるケースに入れています。

ZOOM!

使わないときはサッと畳めるちょい干しグッズをドアに設置

１枚だけちょっと乾いてない！そんなときリビングにちょい干しできるグッズを見つけました。穴を開けずに設置できて、ある程度強度もあり、シンプルなカラーで折り畳みも、高さを変えることもできる。ドアに１つあると便利。

突っ張り棒で

（ 日当たりのいい デッドスペースを 干し場にする ）

わが家は、玄関の手洗い場の日当たりが いいので、上のデッドスペースに突っ張 り棒を設置して、乾燥場所にしています。 手を洗うときにも、目線を上にずらさな いと見えないから、小物で多少ごちゃご ちゃしていても気になりません。

ちょい干しにぴったり！

こうつけてるよー

（ 鴨居フックを タオルの ちょい干しに活用 ）

お風呂上がりに使ってぬれたタオルは、 お風呂扉の上に取りつけた鴨居フック で乾燥させています。乾いたらすぐ近 くの洗濯機にポイッと入れて洗濯する だけ。狭い洗面所でも鴨居を使ってタ オルが臭くならない工夫をしています。

洗濯で一番嫌いな作業
「畳む」を極力やめました

家事の中でも一番嫌いだったのが洗濯でした。嫌いだけど、毎日必ずやらなければいけない家事。どうせやるなら、**「嫌だ」という気持ちをゼロにして楽しみたい、大好きな家事にしよう！** 次第にそう感じるように。そのためには、**一番嫌いな「畳む作業の時間を極限に減らすこと」が大きな効果**でした。例えば、服は全部ハンガーに掛けて干して、乾いたらそのままクローゼットに戻すだけ。夫の靴下も全部同じ種類・カラーにしたら何も考えずにポイポイ収納ボックスに戻すだけ。洗濯物が乾いたら、なるべく手を加えずそのままの形で戻すだけにすることで、洗濯が面倒だという気持ちをゼロに近づけることができ、今ではあんなに嫌いだった洗濯が大好きな家事の1つになっているのが自分でも驚きです。

「畳む」のをやめたアイテム

● タオル	● ボトムス
● 下着（シャツ・パンツ）	● タイツ
● パジャマ	● 夫の靴下
● トップス	● スポーツウェア

第 3 章

手間が ゼロ になる

料理ワザ

0

ちょっとした食材は
キッチンばさみで切る

ちょっと
薬味を切るとき

1人分のみそ汁を
作るとき

包丁を使うと、まな板までセットで使わなきゃいけなくて、洗い物もドーン！
キッチンばさみならスマートだなと、薬味や1人分のみそ汁を作るときなどに
使っています。丁寧でなくても、自分にフィットするラクな方法が心地いい。

みそ汁は夕食に多めに作って保存。翌朝は温めるだけ

翌朝の分はストッカーに

温めるだけだから時短

前日の夕飯作りのとき多めにみそ汁を作って、朝ごはん作りをラクしています。翌朝の分はストッカーに入れて、冷めたらふたをして冷蔵庫に。取っ手つきのほうろう製だから、ふたを取ってそのまま火にかけられるのもポイント。

コンロ前につり下げ

クリアフックを
使ってるよー

（ 調理ツールは
立ったまま
1秒で取れる ）

料理中に、引き出しを開けて「お玉取らなきゃ」と、使うまでにかかる5秒がめんどくさくて…。コンロで使う調理ツールをずらっとコンロの前につるすことで、サッと1秒で使えます。疲れてくる夕方の自分にやさしい収納です。

サッと取れる！

（ 毎日使うツールも
右手を動かすだけで
取れる ）

作業台の右下にスタンバイ

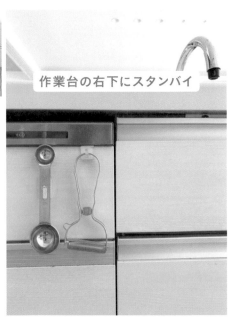

毎日、キッチンの作業台で使うピーラーと計量スプーン。ここに立ったら右手を動かすだけで取れる位置に、フックでつるしています。これは料理を最低限の時間で行うための工夫で、戻すときもフックにかけるだけなのでラクです。

目盛り線つきのツールで
分量を量る手間を軽減

お玉は
15mℓ と 50mℓ

調理スプーンは
5mℓ と 15mℓ

お玉も調理スプーンも、ニトリ デコホームで買ったもの。内側にそれぞれ目盛り線がついているから、調味料などの分量を量る手間が省けます。シリコーン製で軽くて耐久性が高く、扱いがラクで、シンプルなカラーもお気に入り。

ほぼ動かずにご飯が炊けるように収納を工夫

ご飯を炊く
一連の動きがスムーズ！

洗う

炊く

お米を出す

お米はすぐ下に

ご飯を炊くときに、あっちこっち歩くのは時間のむだ。「炊飯器から釜を取る」→「お米を取る」→「シンクでお米を洗う」→「お米を炊く」を最低限の動作でできるように収納の仕組みを作りました。動かずに炊けると最高にラク！

シェーバーフックで浮かせてるよー

炊飯器横の壁に掛ける

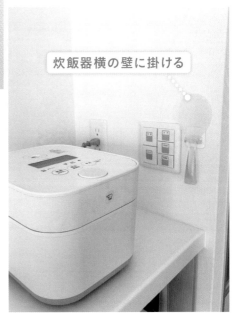

しゃもじは浮かせて 1秒で使える

マーナのしゃもじは、水をつけなくても米粒がつきにくいから、1秒で使えるように炊飯器横の壁に浮かせて収納。クリアだからしゃもじだけを出しっぱなしでもなじむし、自立するから食事中は立てておきます。

しまうときはサッと拭く

ここにしまう

炊飯器を使わないときはしまって、空間をスッキリ

ゆっくりしたい休日や来客のときには空間がスッキリするように、炊飯器は引き出しに。炊飯器って案外ほこりが溜まり、見えない裏側が汚れていることも多いんです。たまにしまうことで、拭き掃除ができ、清潔に使えます。

調味料は詰め替えをせず
シールを貼ってわかりやすく管理

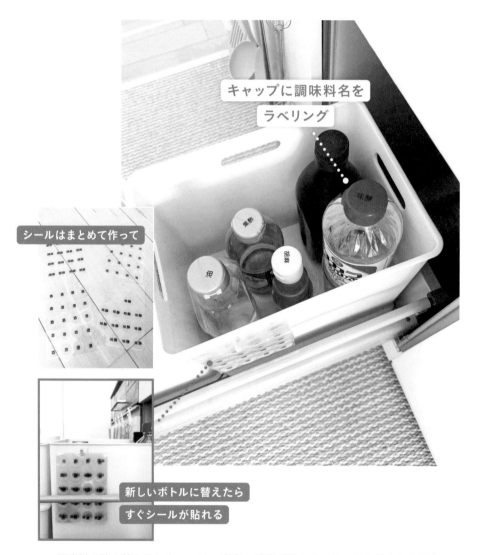

キャップに調味料名を
ラベリング

シールはまとめて作って

新しいボトルに替えたら
すぐシールが貼れる

調味料の詰め替えをしないのは、家事の手間が増えるのと、見た目よりも日々
のラクさを優先しているから。上から見てどの調味料かわかるようにボトルの
上にだけラベリングをしています。シールはまとめて作って、ボックス横に。

三角収納でほぼ動かずに
お茶をいれる

立つ位置

カップ

必要なものを
近くに三角に収納

お茶など

コーヒー

おかし
その他

お湯を沸かして

ポット

紅茶

ティ
葛根湯

お茶

ハチミツ

すぐ飲める!

お茶をしているときは、パワーチャージできる大好きな１人時間。必要なグッズが遠くにあるとめんどくさいので、お茶とカップ、ポットを三角に収納するのがポイント。お湯を沸かしていれるまで、１歩も動かずにできます。

1つで3役に使える
キャップオープナーが便利

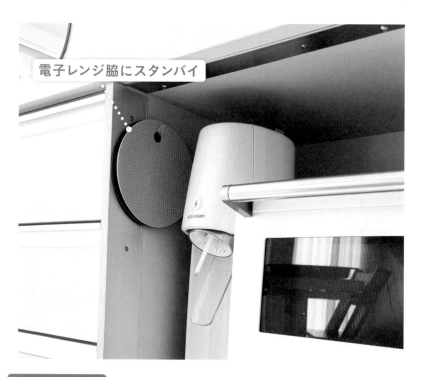

電子レンジ脇にスタンバイ

❸鍋敷き代わりに

❷ミトン代わりに

❶キャップオープナーとして

イケアのキャップオープナーを、レンチンしたあとの熱くなったお皿をつかむときに使っています。ミトンは手にはめるのが面倒ですが、これなら手のひらサイズでつかみやすく、シリコーンで滑り止めもばっちり。鍋敷き代わりにも。

手間ゼロ
料理 0

フックで浮かせてるよー

トースター横に
トングをスタンバイ

熱いものもトングで取れる!

トースターで焼いたパンを取り出すとき、「あっちっち」となるのがプチストレスでした。そこで、トースターのすぐ隣に、100円ショップのクリアのフックを取りつけ、トングを吊るしておけば、ストレスなく使えます。

この2つがお気に入り

ストックは
2階に収納

フライパンは
「一番好き」を
リピート買い

フライパンは、いつもこのイケアの2つを使っていて、買い替えももう3回くらい。使いやすくてコスパがよく、カラーもテンションが上がります。なんとなく選ぶのではなく、「これが好き」で選んでいくと生活も楽しくなります。

ZOOM!

ふたを食洗機側に向けて

食洗機洗剤ケースに使用量をラベリング

食洗機洗剤は、ほぼ私が使うから自分で使用量を把握していましたが、たまに使う夫に「どのくらい入れるの？」と聞かれるのがプチストレスに。だから「スプーン半分」と使用量をラベリング。これでこの先ずっと快適！

ここに置いてるよー

お弁当グッズはまとめてキッチン上に収納

お弁当箱のほか、お弁当カップ、おにぎりシート、敷き物などは年に数回しか使わないので、箱にひとまとめにしてキッチン上に収納しています。学年が上がって、お弁当を作る頻度が増えてくると、また収納法も変わるかも。

おにぎりは
一歩も動かず作る

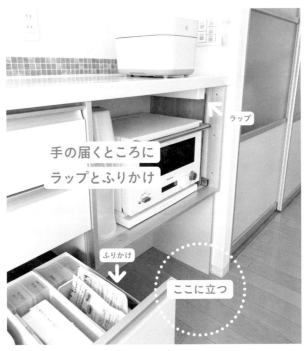

手の届くところに
ラップとふりかけ

ラップ

ふりかけ

ここに立つ

おにぎりが完成！

左手で
ふりかけを取って

右手でラップを取って

よく作るおにぎりは一歩も動かずに作れるシステムで、「めんどくさい」をゼロ
に！ 炊飯器の前に立ったまま、①右手でラップを取る。②左手でふりかけを
取る。近くに浮かせたしゃもじでご飯を取る、がスムーズ！

よく使うものは
レンジフードに浮かす収納

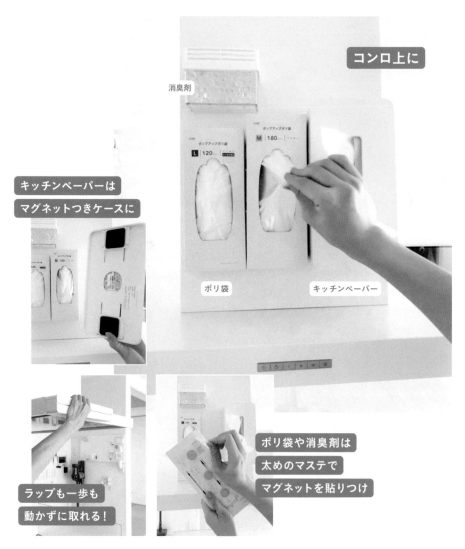

コンロ上に

消臭剤

キッチンペーパーは
マグネットつきケースに

ポリ袋

キッチンペーパー

ラップも一歩も
動かずに取れる！

ポリ袋や消臭剤は
太めのマステで
マグネットを貼りつけ

レンジフードはマグネットがつく場合が多いので、毎日使うキッチンペーパー、ポリ袋、ラップを浮かせて収納するのに便利です。動かず使えるし、掃除もラク。死角に収納すればごちゃつかず、調理中の動線もスムーズです。

電池をコンロ近くに収納して
いきなり来る電池切れに対応

電池はここに収納

充電池を使ってるよー

切れた電池は
コンロ近くで充電

調理しよう！と思ったときに前触れなく来る、コンロ電源の電池切れ。替えなきゃ！って思う手間と時間的むだを省くべく、充電済みの電池をコンロ近くの引き出しにスタンバイ。電池が切れても焦ることなく、心の乱れもほぼゼロ。

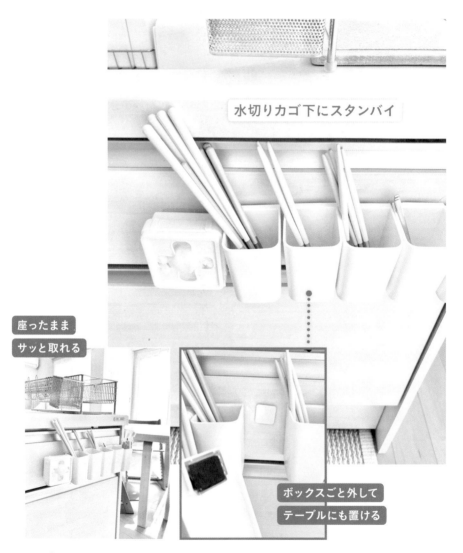

使うときも片づけるときも
サッと取れるカトラリー収納

水切りカゴ下にスタンバイ

座ったまま
サッと取れる

ボックスごと外して
テーブルにも置ける

ごはんできたよー！とテンションが上がっているときに、カトラリーを取りに戻るのが手間なので、ダイニングテーブルの椅子に座ったまま取れる位置に収納を作りました。洗ったカトラリーも、一歩も動かず戻せます。

ここに収納してるよー

たまに使うお菓子グッズはひとまとめにして吊り戸棚に

ケーキの型などのお菓子作り用のグッズは、ニトリの「吊戸棚ストッカー」にまとめて入れています。たまにしか使わないので、冷蔵庫上にある吊り戸棚に収納。<u>取っ手がついているので、踏み台に乗って無理なく取れます。</u>

**取っ手つきのボックスに
ひとまとめ**

**フックで
つるしてるよー**

キッチンのゴミ袋
100枚は引き出しに
掛けて収納

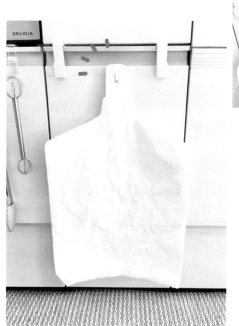

キッチンから出るゴミは、直接ゴミ袋に捨てています。見た目はイマイチですが、ゴミ箱を洗ったりする手間がなくラクなので、ずっとこのスタイル。<u>100枚入りのゴミ袋をそのままフックに掛けて、一番手前の袋にゴミを入れます。</u>

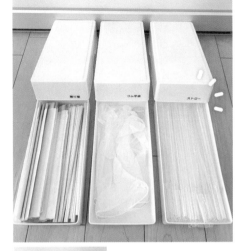

ケースに入れてラベリング

こまごました
キッチングッズは
ケース+ボックスに
ひとまとめ

キッチンの収納は、ニトリの「Nインボックス」で統一しています。ゴム手袋やストロー、割り箸など、こまごましているグッズは、種類ごとに「粘土ケース」に入れてラベリング。ボックスに立てて収納し、取り出しやすく。

ボックスに立てて
ひとまとめ

中身が見えて把握しやすい!

保存容器は
食洗機もレンジにも
使えるガラス製に

ガラス製だと、レンジで温めて、そのまま食卓に出しても食器のように使えて、違和感もなし。食洗機でも洗えるので食器洗いの手間も軽減。また、冷蔵庫内で重ねて置いても、中身が把握しやすいのもいい!

ココにスタンバイ

手が届くからすぐ取れる！

(紙皿・BBQグッズは サッと取れる 食器棚の中に)

子どもの友達が遊びに来たときや、庭でBBQをするときに使う使い捨て容器。紙コップ、紙皿、割り箸などをまとめて1つのボックスに収納しているので、必要なときにサッと取れます。

ココに置いてるよー

(紙皿・BBQグッズの ストックは 食器棚の上に)

紙皿やBBQグッズのストックは手が届く場所になくてもいいので、ざっくりひとまとめにして、食器棚の上に。でも使うときは探さずにサッと取れて、急な来客でも慌てたくないので、近くに収納しています。ここになければ買って補充していきます。

正直面倒くさい！だからこそ

料理は最短の時間で済ませる

毎日のご飯作り。正直面倒だなと思う時間。でも家族のために、なるべく栄養バランスを考えて丁寧に大切にしたいという気持ちと、とことんラクしたい気持ちが混在する家事。知識がない中でも、栄養がある食材って何だろ？新しいメニュー作ってみようかな？家族が喜んでくれるかな？そこに考える時間を使いたいから、**料理を作る時間と片づけの時間は最短で効率よく済ませたい**。そのために、作業台に立ったまま、右手を動かすだけでピーラーが取れる、食洗機前に立ったまま食器が片づけられるなど、たくさんの工夫を積み重ねたキッチン。**使用頻度の高いキッチンアイテムから１つずつ動線上にラクになる収納を考えていく**。面倒くさがらずに定位置を決めることで、時短が叶うようになります。

料理中に動かず取れる工夫をしたこと

- 作業台に立ったまま、左手を上げるとラップが取れる
  （すぐに右手を使って最短時間で使える）
- 作業台に立ったまま、後ろを向くと、食器が取れる
- 作業台に立ったまま、右手を動かすと、
  ピーラーと計量スプーンが取れる
- コンロ前に立ったまま、鍋やフライパン、調理カトラリーが取れる
- 食洗機のすぐ隣の引き出しに、食洗機洗剤を収納して時短

第 4 章

手間が **ゼロ** になる

片づけワザ

0

広々&掃除がラク！

収納家具は
なるべく増やさない

収納家具があると、部屋が狭くなるし、掃除をする場所を自ら増やすことに…。もし使わなくなったら処分にも困るし、何よりスッキリした空間が好き！　だからリビングダイニングにはテーブルと椅子だけを置いています。

テーブルはキッチン横に

折り畳める家具は
浮かせてスッキリ

わが家で使っている折り畳みの家具はテーブルと脚立。どちらもよく使う場所の近くの壁にフックを取りつけて、浮かせて収納しています。

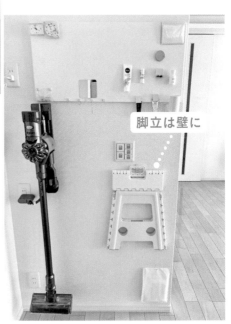

脚立は壁に

こう浮かせてるよー

(ぬいぐるみは ハンモックでリビング に浮かせる)

お風呂でおもちゃを収納できる「おふろ ハンモック」を活用。フックにハンモック の端を掛け、ゴムで縛って固定していま す。ボールや部屋着、翌日の洋服などを 置いてもよさそう。目線の高さに浮かせる と取りやすく、床掃除もラク。

ここに収納を作って

サッとしまえて 散らからない！

(普段着が散らかる 場所の近くに 収納を作る)

キッチンカウンターの上にすぐ服を置い ちゃうので、カウンターの下の収納を 見直し。子どものおもちゃが入っていま したが、遊んでいないものもあったので、 別の場所に移動し、自分用ボックスを 設置。無理なく片づけられます。

トレーニンググッズや
読みかけの本など

(夫のちょい置きに
専用ボックスを設置)

よく出しっぱなしにしてあった夫のトレーニンググッズや本を入れられる専用ボックスを作りました。出しっぱなしを防ぐために、使う場所の近くのリビングに定位置を。一瞬で戻せる場所があると自然と片づきます。

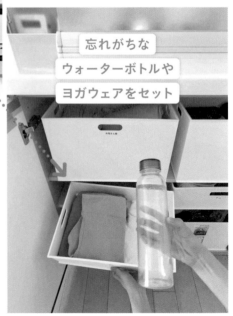

忘れがちな
ウォーターボトルや
ヨガウェアをセット

(ヨガグッズは
セットで収納)

ヨガに行くとき、よくウォーターボトルを忘れてしまうので、ヨガウェアと一緒に収納できるボックスをリビングに。行動ごとに必要なものをまとめておくと、慌てずスムーズに外出できます。

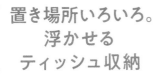

コレを使用！

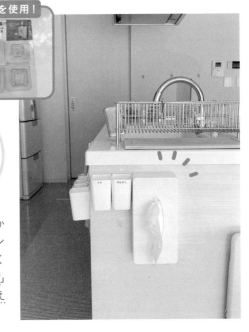

（ 置き場所いろいろ。浮かせるティッシュ収納 ）

Seria のティッシュケースは軽量だから無理なく浮かせる収納ができ、シンプルだけど100円に見えない！ 同じく Seria の「差し込み型シールフック 2P」で浮かせれば、外して違う場所で使えるし、ティッシュ交換もラクラク。

ここに収納を作って

遊びに行くときに

ゲームを入れるバッグもここに

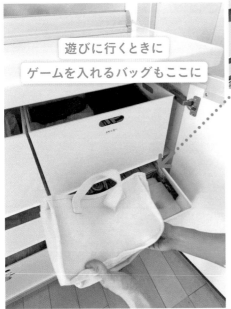

（ 子どものゲーム収納はサッと取れるリビングに ）

リビングで遊ぶゲームのほか、子どもが友達の家にゲームを持っていくときに使うバッグも一緒に収納。大きいボックスを使っていたけれど、中身を見直したら使っていないものもあったので、取り出しやすい浅いボックスに変更。

すぐ使える！

コンセントの近くに

延長コードは よく使う場所に フックでつるす

リビングでよく使う丸い延長コード。よく使うので、引き出しなどにしまうと出す時間がむだ…。ニトリのフックは大きくて、クリアで目立たないし、貼ってもはがせるのがお気に入り！　いつも、コンセント横に出しっぱなしに。

面ファスナーで
浮かせてるよー

テレビのリモコンは 外さなくても オンオフできる

キッチン横にリモコンを面ファスナーのテープで取り外しできるように貼っています。ここなら取り外さなくてもリモコン操作ができるだけでなく、「リモコンがない！」というイライラからも解放されました。

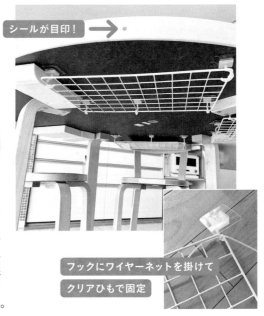

シールが目印！ ➡

100円グッズで
テーブル下にサッと
しまえる収納を作る

子どもの宿題を入れたり、私の読みかけの本を入れたり。Seria の「ワイヤーラティススリム」と「強力吸着シートフックスイングタイプ」を使って机下収納を作っています。「ごはんだよー」の合図ですぐ片づけられて、ノンストレス。

フックにワイヤーネットを掛けて

クリアひもで固定

使わないときはここに

スタンバイ

こう浮かせてるよー

メモとペンを
浮かせて、机の上が
いつもスッキリ

忘れやすい私は、いつもやることを紙に書いています。思いついたらすぐにメモできるように、ペンとメモにマステでマグネットを貼り、机のすぐ横の利き手側（右）に浮かせています。一瞬で使えて便利で、常に机もスッキリ！

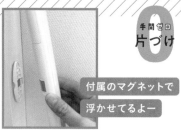

いざというとき安心！

防災用のライトは 玄関近くの動線上に 浮かせて収納

万が一、電気がつかなくなったときに、家族みんなの不安を少しでも減らすため、ライトは2本準備。1本はよく通る玄関とリビングの間にある鏡横を定位置にしました。LEDで明るく、サッと外して外に持ち運びもできます。

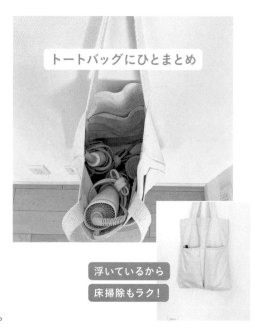

トートバッグにひとまとめ

浮いているから
床掃除もラク！

ドライヤーを するときに使うものは リビングにつるす

リビングで髪を乾かすので、ドライヤー、ドライヤー前につけるトリートメント、くしをセットにしてつるして収納。入れるトートバッグは丸洗いできるものがオススメ。髪が落ちるのですぐ掃除できるように、近くに掃除機も。

ゲームのグチャグチャは ジョイントラックで解決

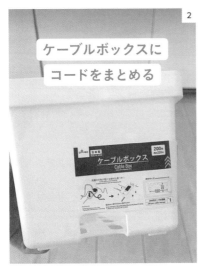

2
ケーブルボックスに
コードをまとめる

1
ジョイントラックを
組み立てて

リビングスッキリ♪

3
コントローラーも
かけて完成!

ゲームの本体と iPad、コードの収納には DAISO のジョイントラックを。4 段になるように組み立てると、ケーブルボックスもフィットします。掃除機をスイスイかけられて、充電しながら収納でき、見た目もスッキリ。

ローラーつきで
引っ張れる →

コレを使用!

朝のバタバタ時間に 引っ張って取れる ピンチが便利

子どもたちは冬になるとネックウォーマーと手袋を使うので、ローラー付きのピンチを使用。ランドセル収納の扉前につけています。ネックウォーマーの中に手袋も入れて、引っ張るだけで簡単に2つ取れるので時短!

リビングのドアに フックでちょい掛け スペースを作る

100円ショップの繰り返し貼り直せる取っ手は、クリアな丸フックで、貼っているのも目立たない。リビングのドアに、バッグや翌朝の服などをちょい掛けできたら便利かも!と、繰り返し使えるシートテープの上から貼っています。

翌朝の服やバッグなど

座ったまま取れる収納で
夜の１人時間がストレスフリー

座ったまま取れる

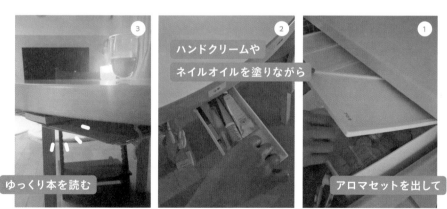

ゆっくり本を読む

ハンドクリームや
ネイルオイルを塗りながら

アロマセットを出して

のんびり気ままに過ごせる夜の１人時間は、大したことはしていませんが大好きな時間。アロマキャンドルをつけて、ハンドクリームを塗って、本を読む。この３つのことがすべて座ったままかなうように収納しています。

書類収納の
カテゴリー分けのポイント

保険書類は会社名で分ける

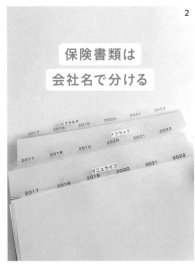

生活、保険、学校と大きいカテゴリーを決める

生活行事で分ける

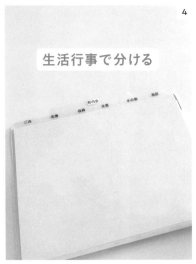

人別で分ける

①生活、保険、学校などと大きいカテゴリーを決める。②保険書類、健康診断、町内会など種類別にファイルを作る。③人名、会社名で項目を分ける。Seria の「A4フォルダーインバッグ 5ポケット」なら1冊で細かく項目を分けられます！

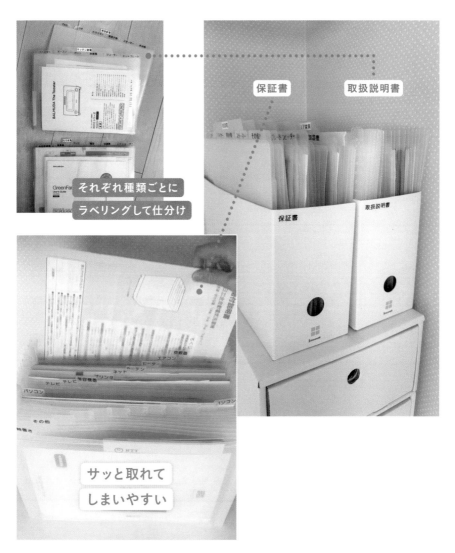

取扱説明書と保証書は
それぞれファイルに収納

それぞれ種類ごとに
ラベリングして仕分け

保証書

取扱説明書

サッと取れて
しまいやすい

取扱説明書はアコーディオンのファイル、保証書は Seria の「A4フォルダーインバッグ 5ポケット」を使用。ファイルボックスにまとめ、キッチン家電、住宅家電、美容家電などとカテゴリー分けしてラベリング。取り出すときもラクチン!

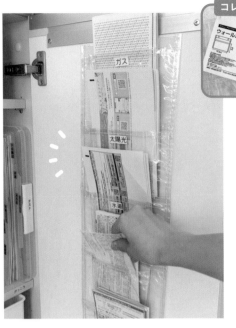

コレを使用！

ウォールポケット クリア 7

頻繁に保管が 必要な書類は扉を 開いて入れるだけ

Seriaの「ウォールポケット クリア 7」を書類収納の扉裏に設置。毎月届くガスや水道、電気の明細書を、ドアを開けてすぐ収納できるようにしました。届いた順に手前から入れると、1月から 12 月までが順にキレイに揃います。

より使いやすく！

使っていない項目を見直し

書類収納は1年で 見直しすると ずっとラクが続く

使用頻度の高いファイルは、年 1 回、項目の分け方を見直すのがおすすめ。使っていない項目、パンパンで何が入っているかわからない項目はないかがポイント。整理に 10 分くらいかかるけれど、1 年間は書類整理がラクになる！

ここで仕分けていらないものは
げた箱のボックスに

届いた郵便物は 玄関ですぐに、いる、 いらないに分ける

ポストから郵便物を取ってきたら、玄関ですぐに仕分け。いる、いらないで分けて、いらないものはすぐ下のげた箱の中のボックスに入れ、いっぱいになったらまとめて処分しています。いるものだけリビングに持ち込み、収納します。

半分に切って
使ってるよー

すぐに処理できない 郵便物用の 一時置きを作る

A4のファイルケースを半分に切ると、引き出しケースと棚の間にあるすき間にぴったり！「郵便一時置き」とラベリングして、「今は無理！後でやろう！」と思った郵便物を入れています。これも自分にやさしい収納の一つ。

撤去したらスッキリ！

以前あったテレビボードも

メリットが多ければ 思い切って 家具を撤去する

数年前にテレビボードを撤去。床面積が広くなり、家族でくつろげるスペースが増えてうれしい！ テレビを浮かせたことで床掃除もラクになりました。「高かったから」「せっかく買ったから」という気持ちより生活のしやすさを大切に。

小物類は 小さなボックスに

緩衝材、紙袋、ガムテープ、 はさみなど

梱包グッズは 1つのボックスに ひとまとめ

フリマアプリで売れたら、このボックスを出すだけで梱包できるよう、紙袋と緩衝材、はさみ、ガムテープなどをセットに。紙袋だけ出し入れするときに、ボックスを少し引き出すだけでできるように、紙袋は手前に！

長い定規は
引き出し側面を
収納場所に

引き出しの側面は意外と使えるスペース。ここに、収納場所に困っていた長い定規がぴったり！ フックを2つ貼りつけて、定規を引っ掛けるようにして置くと、ずり落ちません。

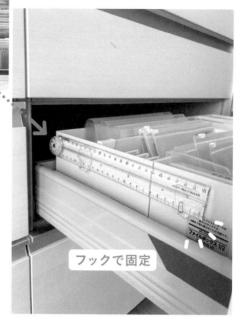

フックで固定

コレを使用！

ファイルボックスに
引っ掛けて収納できる

よく使うマステは
テープカッターで
1秒で使える収納に

テープ類はまとめてボックスに入れていますが、使うまでに10秒かかるので、よく使うマステなどはSeria「ファイルボックスにかけられる テープカッター」を使用。省スペースで、「使う」「戻す」もスムーズ。持ち運びも簡単。

座ったまま
取れる場所に収納

切手、封筒、
年賀状と分けて

郵便セットは ファイルに ひとまとめ収納

切手やはがき、封筒などの収納に、100
円ショップのファイルを使っています。
こまごまとしたものを分かりやすくま
とめられて、省スペースで収納できる
のがお気に入り。切手はジップバッグ
に金額ごとに分けています。

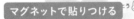

マグネットで貼りつける

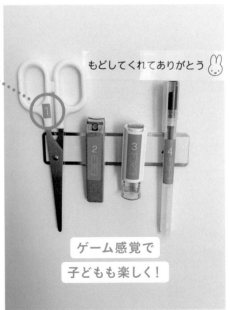

もどしてくれてありがとう

散らかる小物は 「数字合わせ」で 戻したくなる収納に

ゲーム感覚で
子どもも楽しく!

学用品コーナーでよく使う、はさみ、
爪切りなどの裏に、100円ショップの強
力マグネットを貼りつけ。壁にはマグ
ネット補助プレートをつけて収納して
います。どちらにも数字をラベリング
することでつい戻したくなる仕組みに。

ここに入れてるよー

こまごましたものは 手帳ファイルに まとめて収納

タグやシール、マグネットやピンなど、収納に使うこまごましたものの収納に、カスタマイズできる手帳用のファイルを使用。入れたいものに合わせてさまざまな種類を組み合わせられます。探しやすく、迷子になりません。

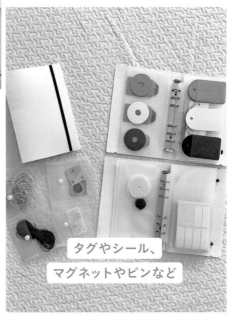

タグやシール、マグネットやピンなど

定位置はココ

「メジャー ココだよ！」と
黒字でメッセージラベリング

戻せないものは 定位置に目立つように メッセージを書く

スッキリとした空間が好きな私は、真っ白な机の脚に黒文字メッセージがあるのがイヤ。それを利用して、どうしても戻せないメジャーの定位置に、「メジャー ココだよ！」とラベリング。これを消したくてきちんと戻せています。

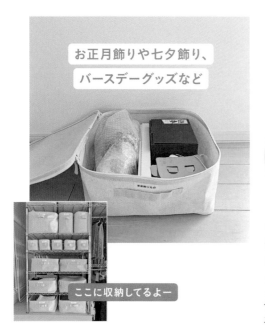

お正月飾りや七夕飾り、
バースデーグッズなど

ここに収納してるよー

季節の飾り物は ボックスに ひとまとめ収納

お正月飾りや七夕飾りなど、リビング付近で使うイベントの飾り物は、まとめて無印良品のソフトボックスに。ただ入れるだけの簡単さがラク！　リビングの隣にある和室の押し入れの中に収納しています。

医療セットやカイロ、
便せん類や裁縫セットなど

こんな感じで分けてるよー

生活用品は 使用頻度で手前と 奥に分けて収納

押し入れ収納はスチールラックに無印良品のソフトボックスを使用。奥行きがあるので使用頻度の低い生活用品は奥に入れています。医療セットやカイロ、便せん類などに分けてポーチに入れ、タグをつけて中身がすぐ分かるように。

ラベリングアイテムは
用途や場所で使い分け

見出しなど文字を
強調したいときは
ホワイト×ブラック

ごみ

名簿

一番よく使うのが
クリア×黒文字

くすり

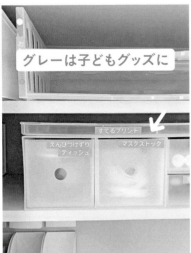

グレーは子どもグッズに

すてるプリント

えんぴつけずり
ティッシュ

マスクストック

ブルーは学校関係と
すぐ分かるように

つうちひょう（弟）

2年生

3年生

愛用しているのはカシオの「ネームランド」と、ブラザー工業の「ピータッチキューブ」。ネームランドはシンプルなラベル、ピータッチキューブは凝ったラベルを作りたいときに使っています。用途や場所でラベルを分けると見やすい！

コレを使用！

クリアだから圧迫感なく
キレイに整う

よく使う食器は
仕切り棚で
出し入れしやすく

食器棚の中でも胸から頭の高さの2段
は、よく使う1軍食器を収納していま
す。無印良品の「アクリル仕切棚」を
使って空間を仕切り、スムーズに取り
出せるように間隔を空けるのがポイン
ト。クリア色だから圧迫感はゼロ！

家事をしながら
使う足ツボマットは
死角に浮かせる

家の中でリラックスできるように、体
と向き合うことも大切にしています。
キッチンでは洗い物をしながら、ダイ
ニングでは椅子に座ってメイクしなが
ら足ツボ押し！ キッチンにもダイニ
ングにも近い死角に収納。

カラフルな色だから死角に

家族4人分の食器が
1分で片づくコツ

食洗機から食器を取って

毎日使う食器は

胸〜頭の高さの棚に集約

ほぼ動かず

1分で片づけ完了！

1歩も動かず向かいの

棚に戻すだけ

基本は、歩かずに1分で食洗機から食器を片づけられること。毎日使う1軍食
器はしゃがまずに戻せる棚に集約。お茶碗は食器棚横にある炊飯器の近くに。
片手で取り出せるように軽量の素材で、食洗機対応の食器を選ぶのも大事。

ウエスや洗剤、ポリ袋、
モップなど

冷蔵庫横の 15cmのすき間に 掃除道具を収納

ここは掃除グッズ1年分や、キッチン で使う日用品の保管場所。突っ張り棒 は落下防止と、ラベリング用に設置して います。ウエスは立ったまま取れる位置 に。少なくなってきても取りやすいよう に、ブックエンドで押さえてあります。

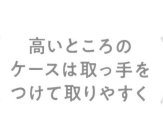

コレを使用!

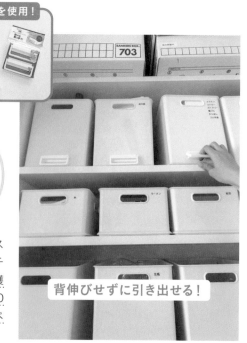

背伸びせずに引き出せる!

高いところの ケースは取っ手を つけて取りやすく

キッチンの収納棚の一番上のボックス を取るとき、背伸びをしなきゃでプチ ストレス。ボックスの下の位置に保護 用のマステを貼り、その上からDAISO 「ピタッと貼れる取っ手可動式」をペ タッ。すんなり取れるように!

手間ゼロ
0 片づけ

こんな風に貼ってるよー

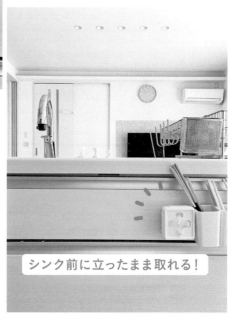

(排水口ネットは ぬれた手でも 取れる収納に)

シンク下の引き出しの外側に、サッと
取れるケースに入れて、浮かせる収納
に。ふたがないから手がぬれていても
OK。1枚ずつ簡単に取れます。Seria の
「浮かせて収納 吸着ペアリングシート」
なら、ケースごと外せて補充もラク!

シンク前に立ったまま取れる!

薄いから
すき間に入る!

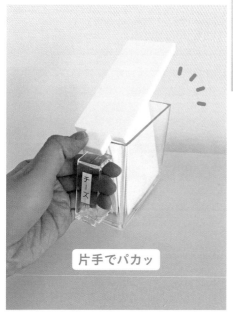

片手でパカッ

(調味料ケースが スライスチーズ 収納にぴったり)

スライスチーズの収納はいろいろ試し
てきたけれど、100円ショップの「調味
料ケース」が一番。冷蔵庫の隅に収納
でき、上のほうに置いても片手で取り
出せます。1袋分がちょうど入る大き
さで、ふたつきで乾燥も防いでくれる!

何が入っているか一目で
わかるようにするだけ

冷蔵庫は
ボックスを使わず、
きっちり収納しない

食材はいつも決まったものばかりを買うわけではないし、中身をパッと把握できずに賞味期限を切らすこともあるから、専用のボックスは不要。何が入っているか分かることと、すぐに取り出せることを大切にして収納しています。

食品庫は上から
見渡せるように並べ、
ラベリング不要

商品名が見えるように
横に並べる

引き出しに入れているので、缶もボトルも商品名が見えるように横に収納するのがポイント。上から見て何が入っているか分かるので、ラベリングがいらないんです。仕切りのカゴは、中身の変化に合わせて仕切り方を変えられます。

手間ゼロ
0 片づけ

フックつきケースで
浮かせてるよー

ココ！

(アルミホイルは
よく使うトースター
下にスタンバイ)

アルミホイルをよく使うのは、トース
ターを使うとき。立ったまま左手を少
し下げれば取れるように、トースター
の下に貼りつけています。一歩も動か
ずに1つの行動が完了することを目指
すと、とにかくラクで、時短に！

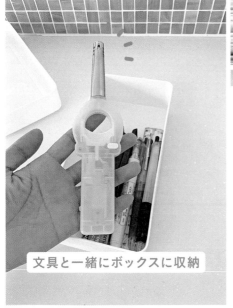

文具と一緒にボックスに収納

ここに入れてるよー

(着火ライターは
キッチン収納の中に
スタンバイ)

誕生会でローソクに火をつけるとき、庭
でBBQをするとき。たまにしか使わな
いから玄関でいい！と思っていた着火
ライター。実は結構使う頻度が高いか
ら、キッチンの引き出しにあると便利。
2軍筆記用具と一緒に入れています。

コレを使用！

1つずつケースに入れる

水筒とストラップは分けて収納するとスッキリ

水筒はニトリの「N インボックス」に、ストラップは Seria の「ES カトラリーケース」を使い、ボックスの内側に引っ掛けて収納しています。ついついぐちゃっと入れてしまいがちだけど、分けて入れるとスッキリ取りやすい。

コレを使用！

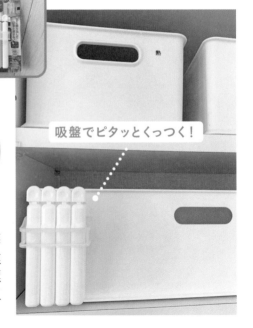

吸盤でピタッとくっつく！

パンの収納に袋を閉じるクリップをスタンバイ

Seria で購入できる「ホルダー付きクリップ」は、4本セットでホルダーの裏に吸盤フックがついたすぐれもの。食パンなどの袋を閉じたいときにすぐ使えるように、パン収納ボックスにピタッと貼りつけられるのが最高に便利！

処方薬は
専用ポーチで
種類別に収納

処方薬は紙の袋のまま収納しておくと、破れたりボックスの中で埋もれたりして保管しにくい。スライドジップ式で前ポケットのある薬ポーチは、1つのポーチに薬と説明書を分けて収納できるから、薬が取り出しやすいんです。

ラベリングして
ボックスに

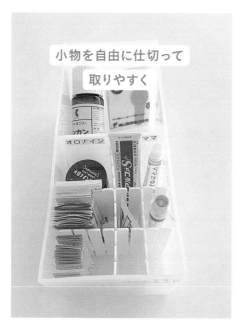

小物を自由に仕切って
取りやすく

仕切りで
薬の定位置を作る

好きな長さにカットできる仕切り板を使っています。ケースの幅や入れたいアイテムの大きさに合わせて組み合わせて、ラベリングで定位置を決定。塗り薬やばんそうこうなど、ものに合う仕切りだから取り出しやすい。

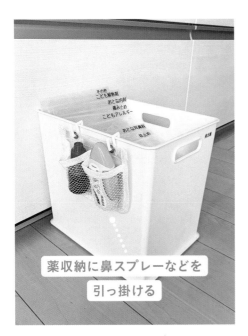

薬収納に鼻スプレーなどを引っ掛ける

埋もれがちな小物にメッシュのポケットが便利

100円ショップのメッシュの収納ポケットは、深めのボックス横に掛けて、小物を入れるのにちょうどいい。私は薬収納ケースの横に、鼻スプレーなどを入れています。ボックスの中で埋もれず、すぐ取り出して使えるので快適。

裏返したら中身も見えない！

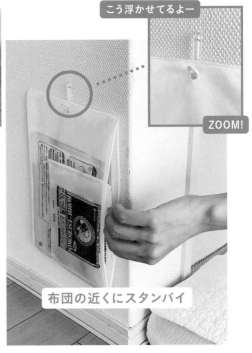

こう浮かせてるよー

ZOOM!

布団の近くにスタンバイ

寝る前にサッと貼れる湿布収納

夜、布団に入ってから「首痛いなー、肩痛いなー」に気づいても、湿布を取りに起き上がりたくない！　布団の頭の上の壁にフックピンを取りつけ、湿布を入れたジップバッグに穴を開けて掛けておくと、手を伸ばしてすぐ取れます。

よく使うので手前に収納

子どもの病院アイテムは、セットで収納

無印良品の「EVAケース ファスナー付き B6」に、「子ども病院」とラベリングして、兄弟2人の診察券、お薬手帳、予備のマスクなどをセットにして入れています。病院に行くときは、これ1つを持っていくだけ。

診察券やお薬手帳、マスクなど

おくすり手帳

こどもびょういん

ここに入れてるよー

たまに使う診察券は人別にケースに入れて収納

パパしんさつけん

ママ

K

S

たまにしか行かない病院の診察券は、人別に分けてラベリングをした、無印良品のふたつきのケースに入れています。よく使う子どもの病院セットの近くに収納しているので、必要になったときも探さずに持ち出せるので便利。

盛り塩、アロマも

鏡、置き物、絵、靴べらを
浮かせる

掃除がラクになる 玄関の 浮かせる収納

玄関はほとんど浮かせる収納。それは掃除がとにかくラクだから。棚の上には何も置かず、グリーンやアロマディフューザーなどの置き物、絵、靴べらのほか、盛り塩やミラーを壁に浮かせています。ほこりははたきでサッと取るだけ。

子ども用には
ブルーのシールで目印

マスクは玄関の 引き出しに縦に収納 して選びやすく

子どもたちはリビングでマスクをつけるけれど、たまに忘れて玄関で気づくので、私のマスクと一緒に玄関の引き出しに収納しています。引き出しを開ければ「今日は何色にしよう？」と全種類見えるように並べ、選びやすくしました。

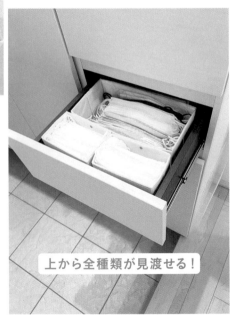

上から全種類が見渡せる！

すのこの裏に
キャスターを貼りつけて

手前にフックをつけて
引き出しやすく

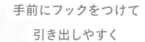

(すのこキャスター
で靴の出しっぱなし
を防止)

すのこの裏に、貼るキャスターをピタッ！　クリアフックを手前の真ん中に貼って完成です。げた箱の下にスタンバイしておいて脱いだ靴を置けば、げた箱の下にサッとしまえてスッキリ！掃き掃除もラクにできます。

ここに入れてるよー

(こまごました
はんこと付箋は
ケースにひとまとめ)

はんこと付箋は無印良品の「ポリプロピレン小物ケース」に入れています。こまごましたものは散らかる原因になるので、ざっくり入れられるケースに、まとめて収納すると便利。

長傘やボールは バーにつるして収納

出かける前にサッと取りたい長い傘や、ボール。1つずつバーにつるして、迷わずに取れるように。棚の上の物もサッと取れるように、折り畳みの踏み台も掛けています。

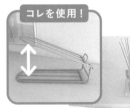

コレを使用！

靴の収納グッズは 長く使えるものを

安くても、あとから買い換えが必要だと手間とお金がかかる…。ベビーから大人までずっと変わらずに使えるよう、高さが変えられる靴収納に。少し高くても長く使える方が、結果的にむだにならないんです。

玄関収納の基本は
1アイテム1ボックス

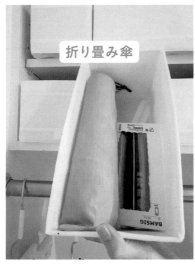

折り畳み傘

帽子

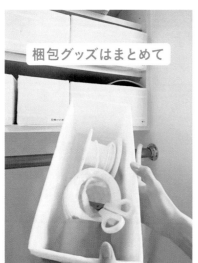

梱包グッズはまとめて

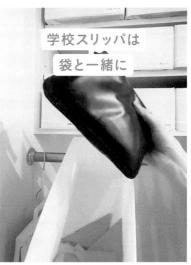

学校スリッパは

袋と一緒に

玄関に収納するのは、リビングの中に持ってくる必要のない帽子や梱包グッズなど。基本的に1アイテム1ボックスに入れますが、折り畳み傘はぬれた傘を入れる袋、学校スリッパは作品を持ち帰る袋なども一緒に入れておくと便利。

そのまま掛ける!

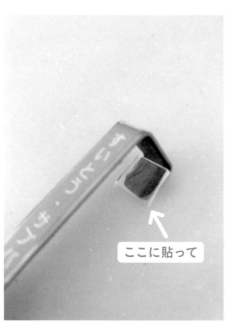

ここに貼って

すぐ外れる フックは魔法の テープで固定

魔法のテープとは、アクリル製の両面テープのこと。扉や家具に引っ掛ける側に、小さく切った魔法のテープを貼ると、粘着で固定されるので、グラグラしたり外れたりすることがありません。

背面も貼れば壁に固定も

ファイルボックスが ズレるときは魔法の テープでくっつける

ファイルボックスを連結させて置きたいときも、魔法のテープが活躍。側面に数カ所貼って、ファイルボックス同士を貼り合わせるだけ。前にも動いてズレるときは、背面にも貼れば、壁面にも固定できます。

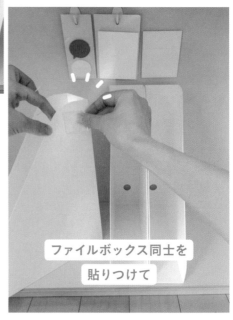

ファイルボックス同士を

貼りつけて

よく使うテープ類は 使う場所の近くに 吊るす

私が魔法のテープやガムテープをよく使うのはダイニングなので、フックで吊るす収納にしています。存在感の出ないL字型のクリアフックに掛けることで、まるで浮いてるみたい！

よく使うダイニングに 吊るしてるよー

こうつけてるよー

充電コードは ケーブルホルダーで だら～んを解決

リビングで使っているスマホの長めの充電コード。Can★Doの「マグネット付ケーブルホルダー」でホワイトボードに貼りつけています。ダラーンとしないので、床掃除のときに持ち上げる手間がありません。

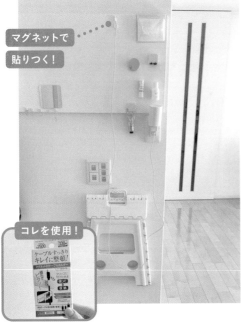

マグネットで 貼りつく！

コレを使用！

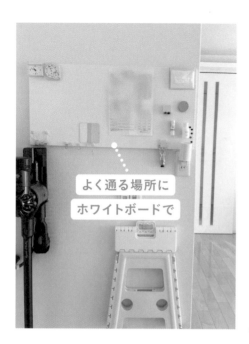

よく通る場所に
ホワイトボードで

確認が必要な 書類は リビングに貼る

DMなど、確認が必要なものは、洗面からリビング、玄関に向かうときに通るリビングの死角にあるホワイトボードに。しまってしまうと忘れてしまいますが、ここなら目線の高さなので、通るたびに「あ！」と思い出せます。

外出時に 持ち出す書類は 玄関扉に貼る

目線の高さに貼ること！

外出のときに持ち出す必要のある書類は、玄関扉の内側にマグネットで貼りつけておきます。ここも目線の高さに貼っておくことで、出かける際に「あ！持っていかなきゃ」と、忘れもの防止にもなります。

手間ゼロ
片づけ

**クリップフックで
つるしてるよー**

（ 手洗いアイテムは
洗面台に
すべて浮かす ）

ハンドソープは魔法のテープで貼りつ
け、ペーパータオルとゴミ箱は突っ張
り棒にクリップフックで掛けています。
ハンドソープをプッシュして手を洗い、
ペーパーで手を拭いてゴミ箱にポイッ
の一連の動きがスムーズ！

手を洗って拭くまでが

スムーズ

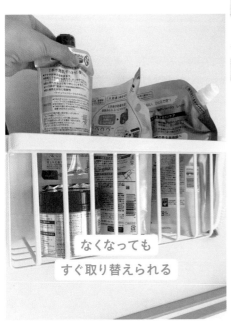

カゴに入れて

浮かせてるよー

（ お風呂の中にも
日用品を
最低限ストック ）

「髪を洗おう！あ、シャンプーがな
い！」となっても、すぐに取り替えら
れるように、最低限のストックを、お
風呂の中のカゴに。ストックをカゴに
補充するときも時短できるように、カ
ゴは入り口近くに置くのがポイント。

なくなっても

すぐ取り替えられる

扉の開け閉めがないから ラク！

歯磨き粉を外さなくても サッと使える

洗面アイテムを 浮かせて 1秒で片づく

洗面台横の壁にマステを貼り、両面テープを貼った鉄板をペタッとすれば、浮かせる収納スペースの出来上がり。マグネットがつくので、歯ブラシホルダーやクリップはマグネット式のものを。扉を開け閉めしないから1秒で使えます。

突っ張り棒を取りつけて

トイレットペーパーは 突っ張り棒収納で 取りやすく

トイレの吊り戸棚収納のすぐ下に、突っ張り棒でトイレットペーパーの収納を作っています。ここにあると座ったまま取ることができ、戸棚にあるストックからの補充もラク。消臭タイプにしているので、並べておくことで芳香剤いらず！

座ったまま取れる位置に！

デッドスペースゼロの
洗面台下収納

扉裏はワイヤーネットで
小物を引っ掛ける収納に

伸縮ラックで
ファイルボックスを2段に

これだけ入ってるよー

空間を仕切ると
収納力アップ！

ニトリの伸縮ラックで中を仕切ったら、Can★Doのファイルボックスを2段にして、シャンプーや洗剤、歯ブラシなどのストックを保管。扉にはワイヤーネットとフックなどを使って、こまごましたグッズを入れています。

洗面台の奥と扉を活用して 収納スペースを増やす

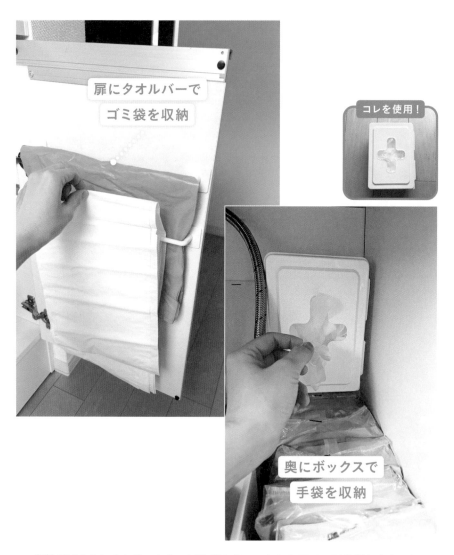

扉にタオルバーで ゴミ袋を収納

コレを使用！

奥にボックスで 手袋を収納

収納が足りない！と思ったら、扉や奥のちょっとしたスペースを探します。わが家は洗面台の扉にタオルバーでゴミ袋を吊り下げ、奥の面にはケースに入れたビニール手袋を収納。使用頻度が高くなければ、奥を使ってみるのもあり。

洗濯前の洋服と靴下置き場は
洗濯機に浮かせる

洋服を一時置き

広げて

チャックを閉めて
洗濯機へポンッ！

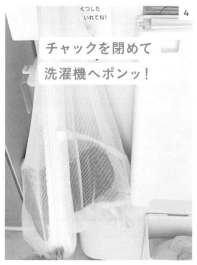

靴下はネットに入れ

洋服の一時置きには楽天で買った折りたたみ式の収納ボックスが便利。付属の
シールつきフックで浮かせています。畳めるから省スペースにも！ 靴下はイ
ケアの洗濯ネットに入れて、洗濯から乾燥まで。片方が迷子になるのを防止。

洗濯機横のすき間に

ボトルを押すと洗剤が計れる

片手で計量できる 洗剤ボトルで洗濯の ハードルを下げる

レックの洗剤ボトルは、片手でボトルをギュッと握ると簡単に計量、そのまま入れられる仕様。洗剤はたっぷり1ℓ入るし、すき間に置けるスマートな形状もいい！ キャップを外すと口が広いので、詰め替えも簡単で早いんです。

洗面で 使うものを洗濯機の 側面に収納して 取りやすく

朝の時間ってすごく貴重。洗面所に立って、手を伸ばせば取れる所に必要なものを置いておけば、どんなに忙しくても使い終わったら自然と定位置に戻せます。洗面台の横は洗濯機なので、棚は Seria の「ES マグネットトレイ」。

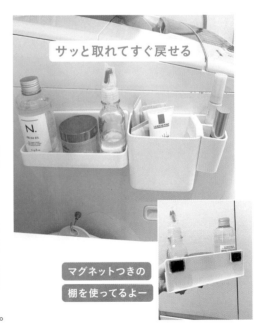

サッと取れてすぐ戻せる

マグネットつきの
棚を使ってるよ〜

マグネットで
浮かせてるよー

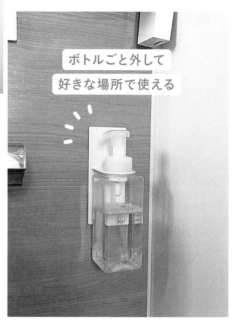

ボトルごと外して
好きな場所で使える

ボディソープは
マグネットつきの
ホルダーで壁に

600㎖入る大容量のボトルに入れ、マグネットで壁につくホルダーで設置。家族でお風呂に入るとき、髪の毛を洗う人は前に、体を洗う私はボトルごと外して後ろの壁にペタッとして、好きな場所で使えるのがスムーズです。

マグネットで
浮かせてるよー

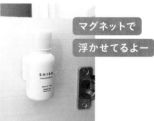

アロマランプの
すぐ近くにアロマオイル
を収納

玄関にあるアロマランプを使うときは、アロマオイルもセットで使うので、ランプのすぐ近くに収納しておけばサッと使えて便利。アロマオイルにはマグネットをつけて、げた箱の扉裏に浮かせて収納しています。

一瞬で中身が判断できる

（ 高い場所の ラベリングは画像 ＋文字のタグに ）

高い場所の収納ボックスのラベリングは、文字だけだと見にくい。ふだん、子どもたちが着ている服を撮影して、「画像＋文字」で一瞬で判断できるオリジナルのタグをスマホアプリ「ACRY」で作成。サイズもやや大きめに。

ワンピース、喪服の
近くに掛けてるよー

ハンガー式収納に数珠や
パールアクセ、ストッキングなど

（ 冠婚葬祭グッズは ひとまとめにして 探さない ）

300円ショップのハンガー式小物収納に、冠婚葬祭グッズをひとまとめ。数珠やストッキング、ハンカチ、ブローチなどを、ワンピースや喪服の近くにセットで置いておけば、いざというときに焦らず落ちついて準備できます。

アイロンで貼りつけてるよー

コレを使用！

ソフトボックスの ラベリングは 布用テープを使う

洗面所の収納でも使っている無印良品のソフトボックス。比較的湿気が多いせいかラベルが剥がれる…。そこで「布デコテープ」をアイロンでくっつけて、その上からラベルを貼る方法にチェンジ！　カラバリも豊富でおすすめ。

分かりやすくてスッキリ！

服は無理に 減らさず、色別に 並べて取りやすく

私の服は多め。無理に服の数を減らすことはせず、自分が心地よく生活することを優先しています。ただ見た目はスッキリしていることが大事。省スペースに収納できる MAWA ハンガーに掛け、カラー別に並べると取りやすい。

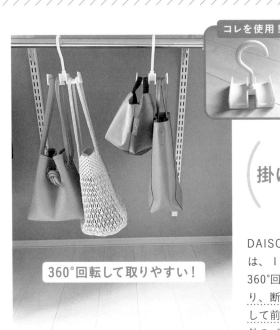

コレを使用！

360°回転して取りやすい！

（ 2つのバッグが
掛けられるハンガーで
省スペース収納 ）

DAISO の「バッグハンガー（ダブル）」は、1個に2つのバッグが掛けられて、360°回転。1つずつフックに掛けるより、断然省スペースに収納でき、横にして前によく使うバッグ、後ろに季節外のバッグを置く使い方も便利。

ここに置いてるよー

（ 季節の変わり目は
ゆるっ収納で
衣服を管理 ）

季節の変わり目は、気温が安定しないので、「衣がえしたのに、また出さなきゃ！」がストレス。そこで、シーズンオフ服をゆるっと収納できるボックスを用意。あるだけで穏やかに生活できるような気がします。

ベストやあったかソックスを
ゆるっとボックスに

こう仕切ってるよー

細長い メイクアイテムは 仕切りで立てる

マスカラやライナー、筆など、細長い
メイクアイテムは同じ方向に収納する
と、下に埋もれて探しにくい。100円
ショップの仕切りを使って、1本ずつ入
れられるようにしたら、的確に取れて
快適にメイクできるようになりました。

ZOOM!

ヘアゴムは 引き出しの側面が 定位置

ヘアゴムってついつい手首につけたり
して、なくしがち。でもお気に入りは
なくしたくないので、メイクアイテム
が入っている引き出しのデッドスペー
スを、コードフックを使って定位置に。
メイク後すぐヘアアレンジができます。

鏡もマグネットで
貼っているよー

フックで吊るすだけ

アクセサリーは 身支度の動線上に オープン収納

私がアクセサリーをつけるのは、出かける直前。だからアクセサリー収納は洗面所からリビング、玄関までの動線上に。Seria の「マグネットバスミラー」と、極小マグネットフックによく使うアクセサリーを掛けています。

立てて引き出しに

たまに使う アクセサリーは ケースに収納

100円ショップで買える白いふたつきのケースの中に、ケースと同じ大きさにカットしたメラミンスポンジをはめ込んだだけ。カッターでスポンジに×印の切り込みを入れて、ネックレスひもを押し込めば絡まず収納できます。

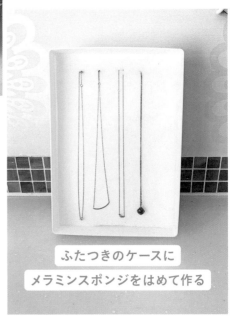

ふたつきのケースに
メラミンスポンジをはめて作る

手間ゼロ
0
片づけ

重ねて
運べるから便利

細かいものは浅くて仕切れるケースが便利

中も細かく仕切れる

無印良品の6段ある引き出しケースに、子どもがよく遊ぶ「LaQ」という細かいおもちゃを収納。引き出しの深さが浅く、最大4つまで仕切れて、取り出しやすいのが魅力です。遊び終ったら引き出しに戻すだけなので簡単。

スペースがあれば
問題なし

紙袋は無理なく収納できれば捨てなくてもいい

ものの整理をするとき、「使わないものは期限を決めて処分」とよく言いますが、自分の気持ちが一番大切。私はたまにしか使わない紙袋でも捨てたくない。持ちすぎだけど、無理なく収納できているので満足しています。

引っかからずに
出し入れできる深さを選ぶ

深さのある ボックスで引き出し の収納力アップ

備えつけの引き出しの深さより深く、すんなり引き出しが閉まる収納ボックスを入れること。1.5倍くらい入るようになり、格段に収納力を高めることができます。

こんなふうに
つけてるよー

キャスターを つけてボックスの 移動をラクに

重いボックスもスムーズに
引き出せる

DAISOの「ピタッ！とキャスター」は、収納ボックスの裏に貼るだけで、移動をラクにしてくれます。4つ入りで、耐荷重が8kgなのもすごくいい。キッチン収納の一番下にある飲み物ボックスの出し入れがラク！

取っ手をつけて取りやすく

使用頻度の 低いものは 段ボール箱に

家じゅうの至るところで使っているバンカーズボックス。耐荷重 30kg と丈夫で、積み重ねが可能。軽量なので天井近くに置いても地震のときも安心。軽くて使用頻度の低いものを入れるのもポイント。

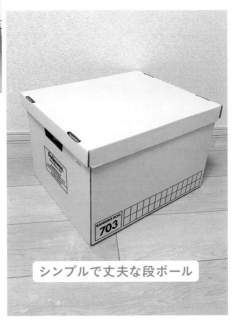

シンプルで丈夫な段ボール

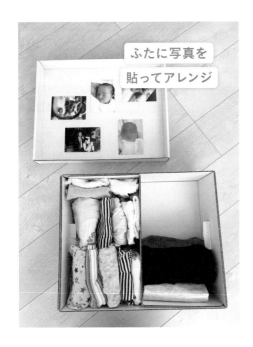

ふたに写真を 貼ってアレンジ

残したい子ども服 は思い出ボックス を作る

処分したくないもの、思い出にとっておきたいものは、無理に減らしません。私は、子どもの小さいころの洋服をとっておきたいので、写真を貼った思い出ボックスに入れて保管。収納を少し工夫すれば残しておいていいんです。

ここに収納してるよー

祖父母のカトラリーや
使い捨てのものなど

(たまに使う
カトラリーは
分けて収納)

毎日使うものと、たまに使うものが混在した収納だと使いにくい。トースターの下に後づけできる引き出しを取りつけて、たまに来る父母の箸や使い捨てのスプーンやフォーク、割り箸などを入れています。

できるだけ
コンパクトに！

グラタン皿やガラスカップなど

(2軍食器は
ボックスに入れて
食器棚の一番下に)

たまにしか使わない食器を、取り出しやすい場所に収納しておくのはもったいない。でもあちこちから取り出すのは手間なので、無印良品のファイルボックスに入れて別売りのふたをつけ、食器棚の一番下に収納しています。

ここに入れてるよー

ビールのストック は段ボールごと 冷蔵庫横に

なくなったらすぐ補充できる!

以前は夫のビールを玄関に収納していましたが、冷蔵庫へ移すのに往復10秒くらいかかるのがたいへんで…。冷蔵庫のすぐ横にあるすき間収納に定位置を作ることで時短になり、とてもラクに生活できるようになりました。

すぐ隣の食洗機で使う

調味料と一緒に

キッチンの一番上の 引き出しには食品と 日用品が混在

キッチンに立ったときに、すぐに取り出せる一番上の浅い引き出し。使いやすいからこそ、食品だけと限定せず、右隣にある食洗機で使う洗剤や、左横のコンロでよく使う調味料など、「毎日よく使うもの」を入れるとベスト。

マグネットで
貼ってるよー

ブックエンドに
必要な文具を
貼って収納

ハサミやペンなど、よく使う文房具は引き出しにしまったりせず、ブックエンドを活用して浮かせる収納に。書類を支えながら、文房具もサッと取り出せる便利な空間になるのでおすすめです。

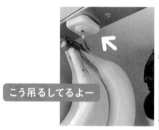

こう吊るしてるよー

バナナは
フックで
定位置を作る

むだな動きを最小限にするために、ダイニングテーブルに近い場所を定位置に。100円ショップの回転マグネットフックに吊るす収納にしています。バナナがちょっとしたインテリアにも見えるのも好き！

電子レンジ横に

たまにしか使わない
揚げ物セットは大きい鍋の中に

2 鍋の中に
ひとまとめにして

1 バットやトング、ザルなど

4 場所を取らず
スッキリ！

3 さらに大きな鍋の中に

収納スペースが少ない場合、たまにしか使わない鍋の中に、「いれこ」にして
入れるのがおすすめ。揚げ物に使うバットやトングなどを揚げ物の鍋の中にセッ
トしておくことで、鍋を取るだけで必要なものが全部出せて時短。

わが家の収納の命！
「浮かせる」収納のメリット

わが家のほとんどは、浮かせる収納なんじゃないかと思うほど、大好き。その理由はとてもシンプルで、**空間が広く使えるのと、掃除が簡単に手間なくできるから。** とても効率がいい収納法だと思っています。空間を家族で最大限に使って、ゆったりくつろぎたいのです。賃貸住宅だとわかりやすいのですが、床面積には賃貸料金がかかっています。**大切な空間をものに占領されたくない。** わが家では、テレビボードをなくしてテレビも浮かせています。床にモノを置かないことで、掃除をするときにも、どかすという行動がない分スムーズ。テレビボードが置いてあったときには、テレビボードの上とテレビ上の掃除をセットでしていましたが、テレビボードを無くし、掃除する箇所が１つ減ってラクになりました。

「浮かせる」収納を考えるときのコツ

- 一歩も歩かずに取れる位置を探す
- ものがなるべく目立たないように
  （壁と同じ色にするなど）
- 視覚的にうるさくないか
  （下、側面など死角を活用）
- ロボット掃除機に掃除を任せることができるか

第 5 章

手間が**ゼロ**になる

名もなき家事のワザ

夫の置きっぱなし郵便物は
着替えスペースに郵便物入れを設置

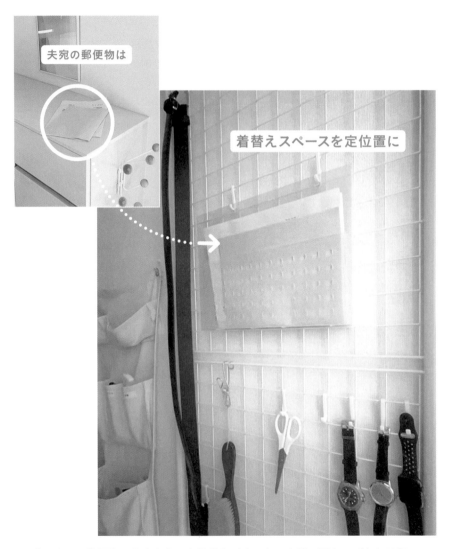

夫宛の郵便物は

着替えスペースを定位置に

夫のものは確認してもらわないと処分しづらいし、玄関に置きっぱなしは気になる！　そこで夫の滞在時間が比較的長くて、目線の高さの場所に Can ★ Do の書類ケースを設置。夫も確認しやすく、私も気にならないからノンストレス。

毎日使う麦茶ポットは作るのも収納も手入れもラクなものに!

1 浄水とパックを入れて

2 ふたをして

3 約40秒で完成!

手前と奥にスッキリ入る

毎日作る麦茶。洗うパーツが多かったり、ふたが閉めにくかったりするとプチストレス。解消すべく、シンプルなポットを買ったら快適! とにかく軽くて、パーツはふたのみだから洗いやすいし、低いから冷蔵庫にもスッと入ります。

タオルは年に一度総入れ替え。
すべてウエスにしてすぐ使える状態に

ブックエンドで倒れ防止

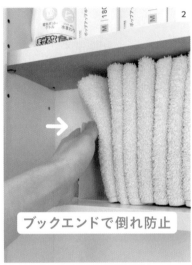

使っていたタオルを
全部ウエスにして

立ったまま
サッと取れる場所に

大と小に
分けて収納

わが家はバスタオルを使わないので、全部フェイスタオル。人別、使用場所別にカラー分けするのも手間だから、1年に1回、同じタオルを12枚購入します。古いタオルはウエスにして、掃除に活用してから処分するとムダもなし。

布の切り口のポロポロを
出さずにウエスを作る

端をはさみで
少し切って

裂く！

最後もはさみで切る

フェイスタオルを半分に折り、はさみで切り込みを入れたら、両側を引っ張っ
て裂くとポロポロと繊維が落ちません。最後もはさみで切ったらウエスの完成。
2分の1、4分の1サイズにしておくと、いろいろな用途で使えます。

入浴剤を浴槽真上につるして
秒で入れる

押すだけ！

浴槽の真上のバーに、入浴剤の詰め替えパックをフックでつるしています。逆さにして絞れるヘッドをつけているから、お風呂に入ったら、左手で入浴剤を入れながら、右手で桶を取る。むだがない流れで、お風呂時間が充実！

忘れるなら、ラベリングで自分へのメッセージ

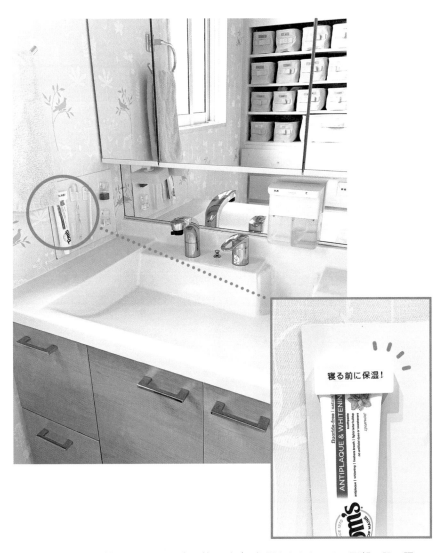

寝る前に保湿！

寒い時期は肌が乾燥するので、寝る前にダブル保湿をしたところ、翌朝、肌の調子がよくて！　でも次の日は見事に忘れる…。そこで歯磨きをしたあとに保湿できるよう、歯磨き粉ホルダーにラベリングをしたら効果テキメンでした！

「家事、みんなでやらない?」と声をかけてみる

手間ゼロ 名もなき 家事

長男はお風呂掃除

次男は洗濯物片づけ

お母さんはご飯作りに洗濯、掃除、仕事、と大変。みんなで住んでいる家だから、子どもたちに「みんなでやらない?」と伝えたらあっさり承諾。やり方をひと通り伝えて、できそうな家事を選んでもらい手伝ってもらっています。

Wi-Fi の紙はラミネートして
聞かれたらサッと出せるように

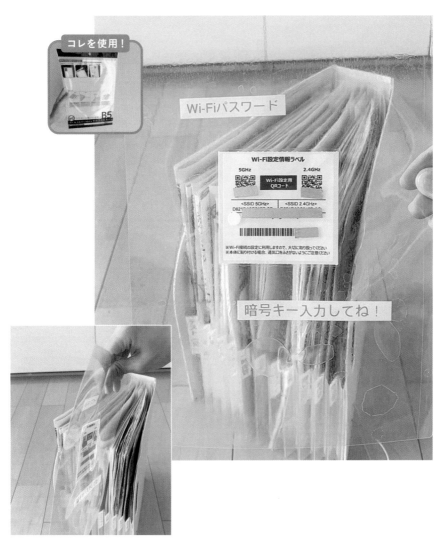

コレを使用！

B5

Wi-Fiパスワード

Wi-Fi設定情報ラベル

5GHz　　　　　　2.4GHz

Wi-Fi設定用
QRコード

<SSID 5GHz>　　<SSID 2.4GHz>
D821

※Wi-Fi接続の設定に利用しますので、大切に取り扱ってください
※本体に貼り付ける場合、通気口をふさがないようにご注意ください

暗号キー入力してね！

来客のとき、「Wi-Fiパスワード教えて〜」と言われるともたつく私…。もっ
と迅速に対応したい！と、100円ショップでラミネートを買って、大きなサイ
ズで取り出しやすくしました。キッチン収納にあるファイルに入れています。

服収納のポールに
はさみをペタッ！ ほつれた糸対策

マグネットを貼ってるよ

朝、「服を着よう」と思ったときに、糸が出てる…。はさみ取りに行かなきゃ
と思っても、その間にバタバタしがち。服が掛かっているポールにはさみをマ
グネットで貼りつけておくと、切ろうと思ったタイミングで切れる！

シーズン服とシーズンオフの服を近くに収納してサッと衣がえ

シーズンオフズボン

シーズンオフトップス

シーズンズボン

シーズントップス

兄弟2人分も
たっぷり入る！

衣がえは年に4回。「めんどくさい」の気持ちをなくすために、なるべく一瞬で衣がえができるようにしています。シーズン服の上に、シーズンオフの服を収納したらラク！　朝、急に「今日、寒い」となってもすぐ取り出せます。

さわらないで!

ミラー灯

「触らないで!」は
言わずにラベリング

触って欲しくない スイッチは ラベリングで解決

勝手口のライトは人感センサー式なので、スイッチはいつもオンのまま。でもすぐ下にミラーライトのボタンもあるから、夫がうっかり両方消してしまうんです。言わなくてもすむようにラベリングで対策をしています。

使うテーブルの
近くだからすぐ出せる!

フェイススチーマー はダイニングテーブル 近くに収納

私がフェイススチーマーを使うのは、ダイニングテーブル。ここに座ったまま、すぐに取り出すことができるように、テーブルの隣にある引き出しの一番下に収納スペースを確保。リラックス時間がより快適になりました。

このコード、何の？誰の？
をマステで解決

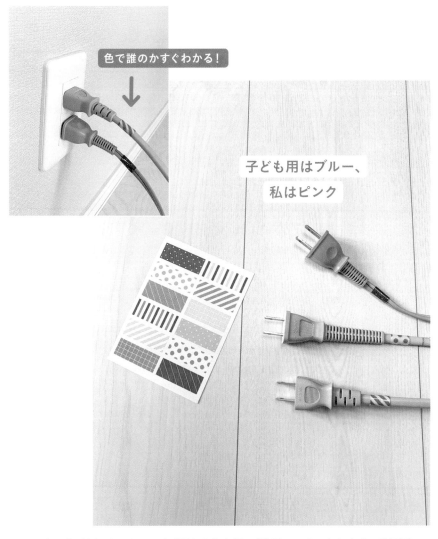

色で誰のかすぐわかる！

子ども用はブルー、
私はピンク

リビングで使うドライヤーが「子どもたち用」「私用」の2つあります。洗面所には「夫用」もあり、コンセントにさすとき「誰の？」ってなりがち。目立つカラーのマステを人別、モノ別に貼っておくと使いやすくなりました。

マスクのポイ置き防止に
玄関に「マスクの一時捨て」を設置

魔法のテープで貼ってるよ

子どもたちが学校から帰ってくると、マスクをリビングにポイ置き…。どうしたら簡単に捨てられるかな？と考え、玄関のげた箱に魔法のテープでゴミ袋を設置。靴を脱ぐときについでに捨てられるので、無理なく入れてくれています。

処方薬は目立つ場所に貼って
のみ忘れ防止

透明保護シールに
マグネット板を貼って

処方薬は、病院に行ったその日からしばらくはのむのを習慣にするもの。つい
うっかりのみ忘れないように、ダイニングテーブル横に、マグネット補助板を
貼り、処方薬はマグネットクリップでまとめて浮かせています。

ばんそうこうを収納した扉裏に
ゴミ袋を設置

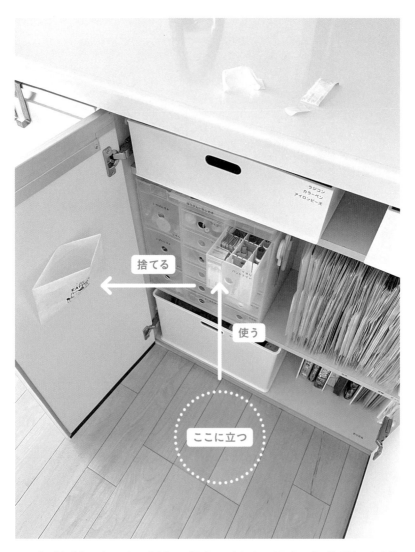

捨てる

使う

ここに立つ

いつもばんそうこうのゴミが置きっぱなしでプチイライラ！　ゴミ箱が遠いから捨てに行くのが面倒で、近くに置いてしまうんです。だからばんそうこう収納の横に、ゴミ箱も設置。使うことと捨てることがほぼ同時にできて、もう散かりません。

シンクにハンドクリーム。
お皿を洗ったついでにハンドケア

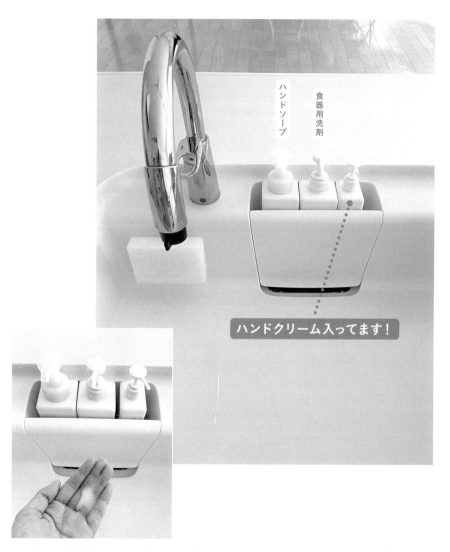

ハンドソープ

食器用洗剤

ハンドクリーム入ってます！

冬って油断すると、すぐ指がひび割れ、手がシワシワ。でもハンドクリームを塗るのもめんどくさい。昼間はぬれた手のまま使えて、サッと流して保湿できるものをチョイス。シンクの食器用洗剤横にスタンバイして、ながらハンドケア！

サプリメントの出しっぱなし。
目につくところにスッキリ収納

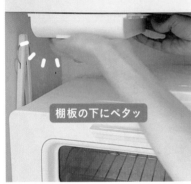

棚板の下にペタッ

魔法のテープを
全面に貼って

立ったときに
取りやすい位置

ラベリングもして

戻すのが手間で、つい食器棚に置きっぱなしにしちゃうサプリメント。そのす
ぐ近くの棚下に、後づけできる引き出しを魔法のテープで貼りつけ、取りやす
く、見た目もスッキリ！。

電池とドライバーをセット。
ボタン電池の型番もラベリング

型番がすぐ分かって
買うときも迷わない！

CR2032→車

CR1632→玄関

充電池と使い捨て電池、ボタン電池をストックしています。基本は充電池を使いますが、電池が切れたときに「この電池」と番号がすぐ分かるようにボックスの底にラベリング。ドライバーを一緒に入れておくと交換もスムーズです。

荷物開封時のグッズは
セットで置いておく

個人情報保護用スタンプ

段ボールカッター

ミニマグネットを
マステで貼ってるよー

荷物が届いたら段ボールを開け、宛先シールを剥がすのが面倒…。Seria の「個人情報保護用スタンプ ダブルローラー」は、住所と名前がすぐに隠せて手間が激減！ ミニマグネットで、カッターと一緒にボードに貼りつけています。

よく使うカードと
たまに使うカードは分ける

よくつかう
カード

たまにつかう
カード

ココに入れてるよー

ふだん財布には1カ月以内に使うカードのみ入れています。それ以外は「よく使うカード」（半年に1回程度）、「たまに使うカード」（年単位）に分けて、探す手間を最低限にして収納。

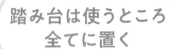

こう浮かせてるよー

踏み台は使うところ全てに置く

踏み台は使うときにサッと使えるよう、リビング、玄関、クローゼット、和室に。他の場所から持ってくる時間も戻す時間もムダでめんどくさいから。出しっぱなしでも違和感がないよう、壁となじむニトリの白いものを選んでいます。

ココに入れてるよー

いざ！というときに助かるお金ボックス

筆記用具と一緒に、お金を収納。急な集金や、おつりを渡すとき、すぐに対応できるように用意しています。ケースは100円ショップのもので、上の段には硬貨、下の段にはお札を分けて収納できるから便利。

急な集金のときのために

生ゴミは
袋に入れてゴミの日
までチルド室へ

生ゴミが臭うのもイヤ。コバエが来る
のもイヤ。わが家は、袋に生ゴミをま
とめたら、冷蔵庫のチルド室で、凍る
寸前の状態で一時保管しています。外
にゴミを捨てに行くタイミングで回収
するので、臭わず快適です。

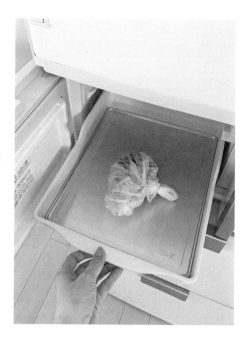

増える可能性の
あるふりかけは
詰め替えない

ふりかけはいつも詰め替えて使ってい
ましたが、最近定番が変わってきて、
新しいものが増えると収納場所がなく
て散らかる…。なのでざっくり収納に
変更。状況によって変化するものはそ
のときの一番の方法を採用します。

ラミネートして
バッグに

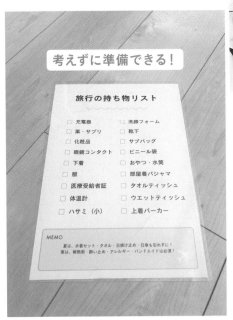

考えずに準備できる!

旅行の持ち物リスト

☐ 充電器	☐ 洗顔フォーム
☐ 薬・サプリ	☐ 靴下
☐ 化粧品	☐ サブバッグ
☐ 眼鏡コンタクト	☐ ビニール袋
☐ 下着	☐ おやつ・水筒
☐ 服	☐ 部屋着パジャマ
☐ 医療受給者証	☐ タオルティッシュ
☐ 体温計	☐ ウエットティッシュ
☐ ハサミ(小)	☐ 上着パーカー

MEMO
夏は、水着セット・タオル・日焼け止め・日傘も忘れずに!
薬は、解熱剤 酔い止め・アレルギー・バンドエイドは必須✈

旅行に必要な ものはリストを 作って考えない

旅行の準備で「何がいるんだっけ?」と意気込むのが疲れるので、必要なもののカンペを作り、100円ショップのラミネートで長く使えるように。旅行用のバッグに入れておけばすぐ準備ができ、忘れ物の心配もありません。

旅行の荷物は、 色の目印をつけた 「MY袋」にまとめる

人別に色分け

旅先で、荷物がどこに入っているかわからなくてバッグの中をワサワサ…。シンプルに探せるように、1人ずつのMY袋をイケアのメッシュのポーチで作り、無印良品のカラータグをつけて識別!旅行から帰ったら、そのまま洗濯機へ。

同じケースでも
色がすぐわかる!

(カラーに合わせて メイク品に シールを貼る)

同じメーカーのメイク品を色違いで持っていると、開けてみないと色がわからない。時短のためにも、メイク品と同じカラーの丸シールを貼るようにしたら、メイクがサクサク進む! ちょっとした工夫で朝時間を快適に。

マグネットを貼ってるよ

(リップ、 ハンドクリームは塗り やすい位置に貼る)

家の中でよく使うリップとハンドクリームは、生活動線上のよく目につく場所に。小さな強力マグネットをマステか接着剤で裏に貼り、ボードにくっつけています。持ち出すときもここからサッとバッグに入れ、帰ったらここに戻すだけ。

ここに入れてるよー

1人1ファイル
15年分一括管理!

健康診断や 病院の検査結果は 全部ここ!

学校で受けた子どもの心電図検査の結果は保管が必要。人間ドックや、病院での採血検査、アレルギー検査などの結果も、健康に関する書類は保管しています。人別にフォルダーにまとめておくと、見返すときもスムーズ。

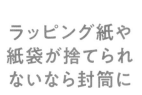

コレを使用!

ラッピング紙や 紙袋が捨てられ ないなら封筒に

郵便物を送る機会があるけれど、市販の封筒はなんか味けない。なのでもう使わないラッピング紙や、贈り物が包まれていた好みの包み紙、かわいい紙袋は封筒にリメイクします。Seriaの「宛名シール」を貼れば、かわいい封筒に大変身!

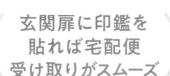

コレを使用！

マグネットで貼ってるよ

（ 玄関扉に印鑑を
貼れば宅配便
受け取りがスムーズ ）

わが家の玄関扉はマグネットが貼りつくので、印鑑を貼るにはめちゃくちゃ便利！　小さな強力マグネットを接着剤で印鑑につけています。配達員の方を待たせず早く押せるように、ドアノブの近くに貼っています。

（ バッグ内の収納は
かわいい保存袋を
ポーチ代わりに ）

バッグにはいつも必要なものだけ。ポーチは汚れが気になるので、数回使って汚れたら気楽に新しいものに替えられるジップバッグを使っています。化粧品はメイクポーチに入れるという固定観念を消すことで、スッキリ衛生的に。

日々の ルーティンは 家じゅうにカンペ

準備するものや、続けたい習慣など、忘れるなら書けばいい！と用意したのがカンペ。両面使えるマグネットプレートに書き出し、冷蔵庫や玄関、座る場所などに貼っています。書いてあることを考える時間が減り、気持ちもスッキリ！

ZOOM!

タオルバーに掛けてるよ

翌日の傘の定位置 を作って 忘れるのを防止

傘を忘れないように、前日のうちに玄関の靴箱の外にタオルバーで掛けています。使っているのは100円ショップのもの。クリア色なので目立ちにくく、横幅もあるので、傘3本はラクラク掛けられるのもポイントです。

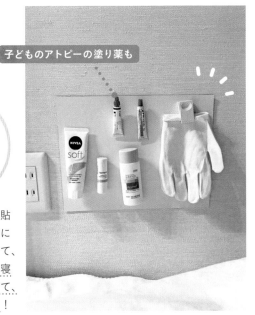

子どものアトピーの塗り薬も

寝る前の
保湿ケアは枕元の
壁に浮かせる

枕元の壁にまずマスキングテープを貼り、その上からホワイトのトタン板に両面テープを貼ったものを貼りつけて、浮かせて収納するエリアに。布団に寝たまま、リップやハンドケアができて、子どもの「かゆい」にも即対応できる!

はさみでふたを切ったよ

ふたつきボックスの
ふたを開けるのが
手間なら切る!

ふたがあって使いにくいな〜と感じたときは、ふたをはさみでカット。使いにくいと思いながら、プチ我慢している時間はもったいない。切ったらワンアクション減って、ラクになります。

片づけられないのは人のせいではなく、仕組みのせい
収納は家族みんなで考える

「家族が散らかして片づけてくれない」。そんな声をよく聞きます。大切なのは、**片づけられないのは決して人のせいではなく、仕組みのせい**だということ。使う場所と収納場所が離れていたら、使い終えた際、遠くの場所に戻しに行くのが難しく、出しっぱなしになることが多いのです。**まず使う場所の近くにモノを収納すること、次にモノの所有者の意見を第一に、よい方法を考えること**。ついお母さんが「これが使いやすいだろう」と家族の収納を整えがちですが、これはリバウンドの原因にもなりかねません。家族とはいえ、違う人間です。**使いやすい方法はみんな違う**。時間は有限だからこそ、大切な家族と仲良く暮らしていきたいなと思っています。

家族が自然と家事をするためのコツ

- アクション数が1つでも少ない簡単な収納を意識
- 次の行動までを意識し、動線を考えて収納を考える
- 使うときよりも戻すときの方が、難しいことを意識
- オモチャの収納は、子どもに考えて作ってもらうことで、自主的に片づけるようになる
- 子どもが小さいからできないという考えではなく、小さくても1人でできる仕組みを提案する

第 6 章

手間が**ゼロ**になる

子どもに
まつわる家事の
ワザ

0

朝、子どもを起こすのは
機械にお願いする！

2

自動でシャッターが
オープン

1

アレクサが天気予報を
教えてくれる

4

太陽の光で
自然に目覚める！

3

シャッターが開いて
テレビがつく

子育ても機械に頼る！ 設定しておけば、朝6時15分になると、アレクサが今日の天気予報を教えてくれます。同時にリビングと和室のシャッターが開きテレビもつく。太陽の光と音で勝手に目覚めてくれます。

必要なものをフックに掛けて
忘れ物を防止

帽子の中にハンカチ、

マスク、靴下

ZOOM!

入れるものを

ラベリング

サブバッグ、水筒も

朝、出かけるときに、「マスクがない！ ハンカチ持ったー？」ってバタバタ
したくない。イケアのフックに帽子を掛けて、その中に必要な小物類を全部前
日に入れておくようにしています。これで朝時間をゆったり過ごせます。

「習字の日」を忘れないように
着替えの棚にラベリング

ゴールドで
太めのラベルが目立つ！

習字　月　木

習字の日に、うっかり白の服を着させてしまうことが何度かあって…。そもそも
何曜日なのか覚えていないので、着替えをする棚にゴールドで曜日をラベリング。
リビングにいても反射して光るので目立つし、服を掛けるときにも思い出せます。

ココに入れてるよー

ランドセルの近くに
スタンバイ

文房具は1年分、まとめ買い&収納

「のりがなくなった」「テープがない」
って、そのつど買いに行くのは大変。
ボックスにのり6本、接着剤4つ、名
前ペン4本、テープ4つなど、絶対に
なくなるグッズをまとめて買っておけ
ば、1回の買い物で1年ラク。

タブレットもセット

夏休みの宿題はひとまとめ収納

宿題やるときは
このボックスだけ

散らかりがちな宿題。無印良品のファ
イルボックスに必要なものを集約し、
机の隅に置いて、サッと宿題ができる
仕組みに。計算カードはフックで掛け、
時間を計るタイマーや、確認用のはん
こや赤ペンも。片づけもラク。

学校から持ち帰った
プリントは一歩も動かず処理

2

いらないプリントは
すぐ下のトレイに

1

子どもが自分で
プリントを入れる

4

サッと入れて完了

3

保管するものは
ファイルを取って

ランドセル収納内のボックスに、①子どもが自分でプリントを入れる。②私は
プリントを確認し、いらないプリントは「すてるプリント」に。③④保管する
プリントは、ファイルの中へ。この流れが座ったまま処理できてラクなんです。

子どもの着替えは一歩も動かず
散らからない仕組みにする

自分の色の
ハンガーを取る

ここに立つ

ハンガーはここに掛ける

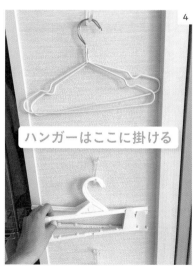

着替えたパジャマは
箱にポイッ

着替え収納スペースは、子どもでも手が届く高さに洋服を掛けています。その
ハンガーには個人カラーのシールを貼り、一瞬で自分の服と認識できるように
工夫。脱いだパジャマが散乱しないよう、すぐ近くに放り込むだけの収納も。

ランドセル＋はんこの
セット収納で連絡帳サインが秒で済む

ここにつけておく

外してサッと押せる！

連絡帳を確認したら、すぐはんこを押したい！ でも毎日いろいろなところに
ランドセルを置かれるから、近くにはんこがなくて、取りに行くのがめんどく
さい…。ランドセルに直接ミニはんこをつけてしまえば、サッと押せるように。

色分けすることで
目的のファイルが1秒で取れる

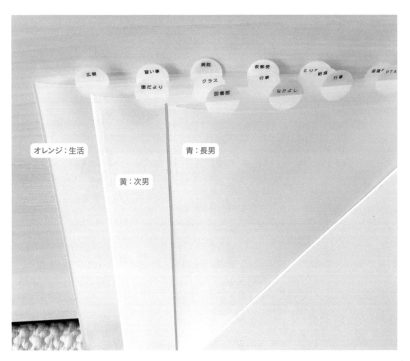

オレンジ：生活

黄：次男

青：長男

付箋をインデックスに

背表紙に
マステを貼って

無印良品の
スリムポケットホルダー

子どもたちの好きなカラーで家じゅうのものを管理。日々、学校などでもらうプリントは、よく使う書類を厳選して1つのファイルに収納。背表紙と付箋を色で分けているので、すぐ取れます。

リビング学習のアイテムは
テーブル下に浮かす

鉛筆削りも座ったまま

消しかすを吸い取って

すぐ戻せる

戻すときもラクな

テキスト収納も

鉛筆と消しゴムも

サッと取れて

フックや100円グッズを使って、学習アイテムを座ったまま取れるように収納しています。宿題をやる、ごはんを食べる、遊ぶなど、やろう！と思ったタイミングですぐ始められて常に机の上はキレイ。片づけて！と怒る必要もなし！

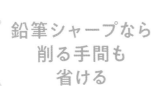

書き心地も鉛筆そっくり

（ 鉛筆シャープなら 削る手間も 省ける ）

鉛筆そっくりの

これに変えたよー

ダイニングテーブル下の文具収納から、鉛筆を出したりしまったりするとテーブルが汚れる…。掃除が面倒なので、家で使うのは鉛筆みたいなコクヨの「鉛筆シャープ」に。芯を削る手間も省けるし、テーブルもキレイを保てます。

ポイポイ入れるだけ

（ 忘れ物防止収納を ランドリーメッシュで 増やす ）

子どものランドセル収納扉の前に、ランドリーメッシュを設置。サッカーのグッズなど、翌日に必要なものをまとめてポイポイ。朝、「これがない！」と焦ることも、忘れ物をすることもなし。かさばるぬいぐるみ収納にもぴったり。

貼って剥がせる強力フックで
ランドセルを浮かせる

座ったまま
1歩も動かず
宿題ができる!

今ある家具につけても

コレを使用!

スリーエムの「コマンド™フック」に、耐荷重 4.5 kg、6.8kg の大きいフックがあり、テーブル下に貼りつけてランドセルを掛けるのも便利。専用のランドセルラックがなくても、フックなら必要なくなったときも違う場所で使える!

散らかる書類や文具は 100円グッズで自分流にアレンジ

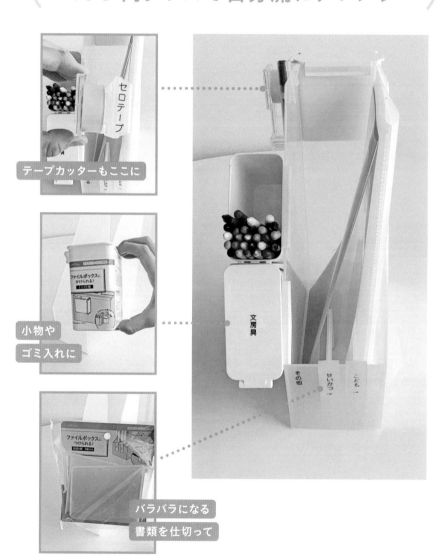

テープカッターもここに

小物や ゴミ入れに

バラバラになる 書類を仕切って

セロテープ

文房具

その他　せいかつ　こども

お絵描きセットやテレワークセットなどは、ファイルボックスにひとまとめに。Seriaの「ファイルボックスにかけられる」シリーズを組み合わせて、書類もこまごましたものも自分流に使いやすくアレンジすると、便利で散らからない。

コレを使用！

なくなる数ページ前に
貼っておく

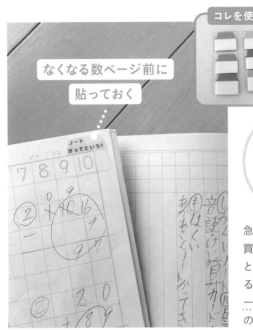

「ノートがない！」は付箋1枚で防止

急にノートがないと言われても、すぐに
買いに行けないことも。なくなるちょっ
と前に伝えることを子どもに定着させ
るためにも、練習として最後から数ペ
ージ前のところにラベリング。耐久性
のある付箋なら繰り返し使えます。

ここに入れてるよー

クリアファイルにまとめて

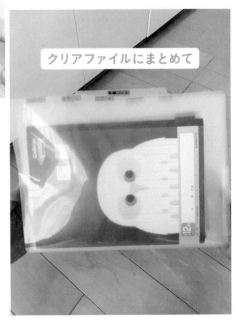

買い足すノートは新学年に買ってストック

新学年に、国語と算数のノートは必ず
買いに行っていたので、同じノートを
1冊ずつ余分購入してストックするの
がシンプルで効率的。Seria の「A4 フ
ォルダーインバッグ」にラベリングを
し、学校関係の書類収納に入れています。

夏休みのはじめに
足りない絵の具はすぐ買う

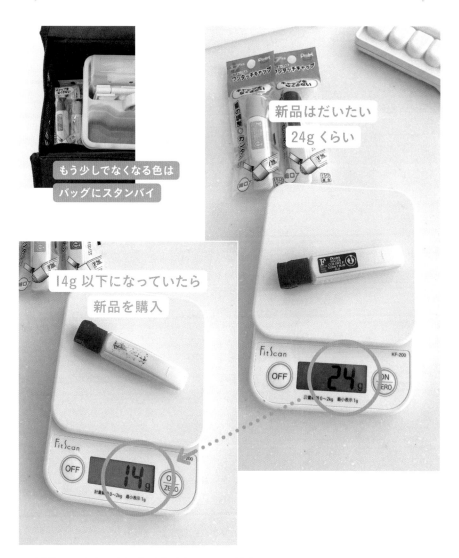

もう少しでなくなる色は
バッグにスタンバイ

新品はだいたい
24g くらい

14g 以下になっていたら
新品を購入

夏休み、少しでも気楽に過ごすために、始まったらすぐに足りない絵の具は買うようにしています。1つずつグラムをチェックして 14g 以下に減っている色を買い足せば、3学期中になくなる心配からも解放！

テーブルまわりでよく使う
文具&クリップも浮かせる

クリップ

マステも
引っ掛けられる！

サッと
片手で取れるよー

魔法のテープで貼って

ダイニングテーブルでは、はさみやペンなどの文房具、クリップもよく使うので、テーブルの脚に浮かせる収納に。どちらのケースも100円ショップのもので、魔法のテープで貼りつけています。座ったまま取れるのがうれしい！

ゴーグルの名前書きは
ビニールテープで解決

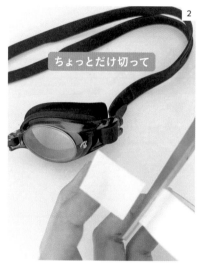

ちょっとだけ切って

ビニールテープを
使うよー

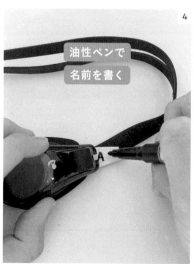

油性ペンで
名前を書く

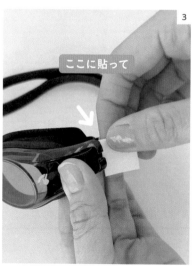

ここに貼って

どこに名前を書こう？と迷うゴーグルは、DAISOで買えるホワイトのビニールテープを貼って油性ペンでOK。ちょっとだけ切って横のひものところに貼っていますが、毎週のように使って洗っても、1回も取れなくて、これはいい！

縦に入れて人別に
取り出しやすく

プールセットは 1カ所にまとめてすぐ GOできるように

いざプールに行くと決まっても、ビーチボールがない、浮き輪がない、となりがち。家族みんなの水着、浮き輪、空気入れ、バッグ、タオルなど全部まとめておけば、探す時間を省けて、楽しい気持ちのまますぐGOできる!

ここにスタンバイ

収納の中に 付箋を浮かせて 忘れ物防止メモ

イレギュラーな持ち物の忘れ物防止に持ってこいの付箋。厚紙を付箋より大きめにカットしてパンチで穴をあけ、両面テープで付箋と厚紙を貼り合わせます。フックでランドセル収納の中に浮かせておくと使いやすくて便利。

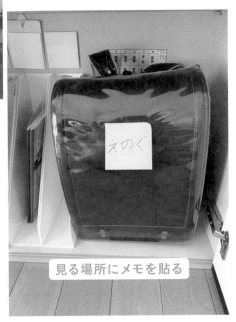

えのぐ

見る場所にメモを貼る

雑巾は
卒業までに必要な分を

たまに使う学用品
をざっくりまとめて
探さない

わが家ではおなじみの無印良品のソフ
トボックス。夏休みだけ使う原稿用紙
や、新学期に必ず持っていく雑巾、調
理実習でたまに使うエプロンなどをま
とめて入れています。いざというとき
ここを開ければすぐ見つかります。

ZOOM!

「教科書」とラベリング

使い終わった
教科書は箱に
まとめて1年保存

去年の教科書を処分しようか悩んでい
ましたが、復習するときに使うかもと、
段ボールボックスに「教科書」とだけ
ラベリングして1年分保管しています。
処分するのはすぐにできるから、スペ
ースがあれば収納しておくと安心。

名前と学年をラベリング

コレを使用！

通知表は 6年生までを一冊で 見やすく管理

Seria の「A4 フォルダーインバッグ」に、人別に6年分をラベリング。ポケットが分かれているから入れやすいし、いざ見返すときにはすぐ出せます。低学年のうちに1回作っておくと、通知表をもらってきたらここに入れるだけ。

ZOOM!

学年ごとに分けて 箱に入れる

作品や賞状の 保管はA3のクリア ファイルがぴったり

持ち帰ってきた大きな絵や賞状の保管、そのままボックスにしまうのも…。とSeria で見つけたのが「A3 クリアフォルダー」。絵も賞状も A3以上のサイズはないはずだから安心。学年ごとに1枚のクリアファイルにまとめています。

飾り終わった 作品は引き出して ポイポイ入れられる 収納に

絵や賞状以外の立体的な作品は、リビングに飾り終わったあとに、引き出してポイポイ入れることができる段ボール製の収納ボックスに。前面が少し開いているので、全部を引き出さなくても入れられるのが便利。

「立体作品」と
ラベリング

ここに収納してるよー

まとめておけば
また遊ぶときに運びやすい！

とっておきたい おもちゃはまとめて 2階に収納

まだ捨てたくないけど、今は使っていないおもちゃは2階へ。いつでも追加できるよう、引き出し式の段ボールボックスに入れています。取っ手がサイドについているので、そのまま持ち運んで、遊ぶこともできます。

持ち帰ってすぐの作品は
リビングの壁に飾る

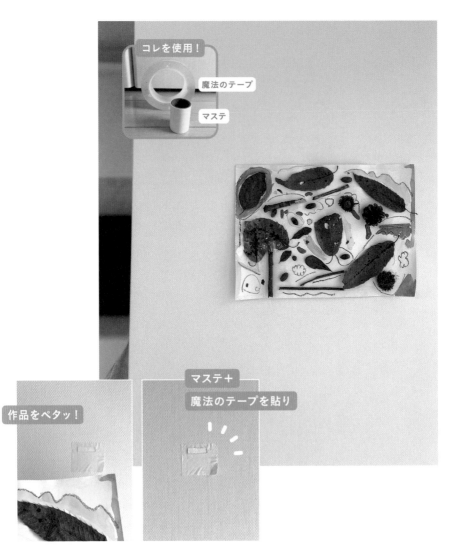

コレを使用！

魔法のテープ

マステ

マステ＋

魔法のテープを貼り

作品をペタッ！

持ち帰ってすぐは、しばらくリビングで飾っておきたい。マステを重ねて壁紙に貼り、その上に小さな魔法のテープを貼って、作品をペタッ。作品の裏にもマステを貼っておくと、取り外したときに作品が傷みにくくなります。

お菓子は立ったまま
中身が見える位置に置く

こまごましたお菓子は
下の段

ボックスごとリビングに
持っていかなくなる

大きい袋のお菓子は
その上の段に

夕方は決まってリビングにお菓子ボックスが散らかる…。なぜ？を深掘りすると、引き出してそのままリビングに持ってきていたのが原因でした。立ったまま中身が見える位置に移動したら、散らからなくなりました。

ゲームのソフトは
本体と一緒に収納できるケースに

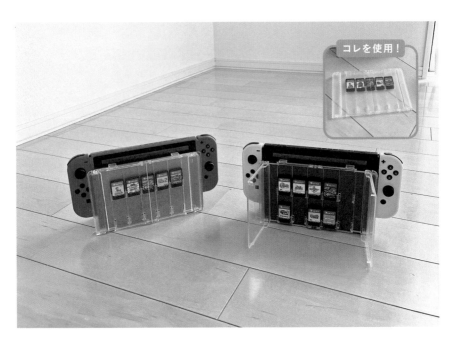

コレを使用！

ここをドック本体に
引っ掛けるだけ

キュッと上から
取り出せる

バッグにもスッキリ入る

ゲームが大好きな子どもたち。ソフトを交換するときに、ケースを取りに行く、開ける、取り出す、とステップが多く、時間がかかる。ドック本体に引っ掛けて使えるソフト収納は、遊びながらすぐ交換でき、散らかりません。

ココに収納してるよー

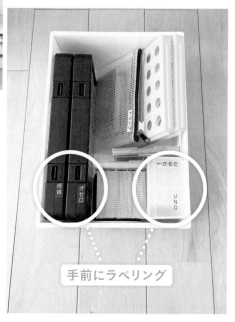

カードゲーム類は 1ボックスに まとめて収納

オセロは収納ボックスから取り出してから、さらに箱から出さなきゃいけないのが手間！ 箱はいらないので処分しました。トランプやカルタなどと一緒にボックスにまとめ、引き出す方向の手前にラベルを貼って見やすく！

手前にラベリング

クリアファイルに入れて

ブックエンドでまとめる

おりがみは色別に 収納してサッと 取り出せるように

枚数がたくさんあり、カラーも豊富なおりがみ。「水色が欲しい〜」と取るときに、他のおりがみがぐちゃぐちゃに…。小さなサイズのクリアファイルにカラー別に入れておくと、目当てのおりがみがサッと取れます。

長さのあるおもちゃの剣は
傘立てを活用してスマートに収納

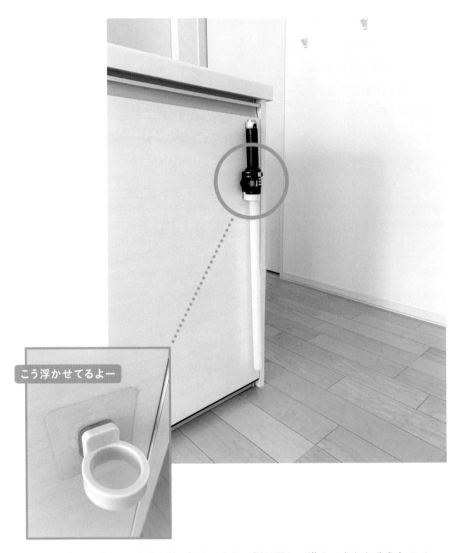

こう浮かせてるよー

おもちゃの中で一番長い剣。毎日のように振り回して遊んでうれしそうなので、
収納を考えていたら、100円ショップでドンピシャな傘立てを見つけました。
おもちゃ収納の扉の前にこっそり収納できて、取り出しやすくてすぐ遊べる!

ココにしまってるよー

お菓子の おまけ用の収納を 作るべし

お菓子のおまけのシールやカードが、机に置きっぱなしで、一瞬捨てちゃおうか…と悩んだことはありませんか？ 私は捨ててとぼけた経験あり！ 引き出しに名前をラベリングして定位置を作っておくと親も子どももノンストレス。

弟の名前

兄の名前

名前別でざっくり収納

こう浮かせてるよー

まいごのくじら

頭の上にスタンバイ

寝る前に読む絵本は フックで壁に収納

図書館で借りた絵本を、寝る前に読むことがあって、和室にシンプルに収納したい！ でも収納棚は置きたくない。そんなときに考えたのがフックに絵本を掛ける方法。耐荷重2kgで、抜き穴が目立たないのがお気に入りです。

おもちゃボックスは
あふれる手前で見直し

いる？いらない？を判断

まず各自のボックスを
全部出し

兄のボックス

弟のボックス

いらないものは
処分してスッキリ

いるものは仕分け
してから戻していく

年に1回、おもちゃの中身を見直しています。タイミングはボックスがあふれ
そうになる前。まずボックスから全部出し、ボックスをウェットシートで拭き、
いる？いらない？で判断して、いるものはボックスに戻していくだけと簡単。

こまごましたおもちゃは 一時置きボックスでラクに片づけ

ZOOM!

ポイポイ放り込んで

サッと棚にしまえる

子どもが遊んだおもちゃをそのつど片づけるのってたいへん。子どもが簡単に片づけられて、ママもラクするために、こまごましたおもちゃの一時置きを。ポイポイと入れられて、時間がないときもボックスごとしまうだけ。

兄弟、私の3人で共用できる!

リュック、手提げ、
用途いろいろ

兄弟2人が、
いろんなシーンで
使えるものを買う!

学年が違うと遠足は同じ日にならない
から、1人1つというルールを廃止し
て、兄弟で1つ。プールバッグは手提
げ、リュックとして使えるものを選び、
遠足、短時間の授業用にも使用。

コレを使用!

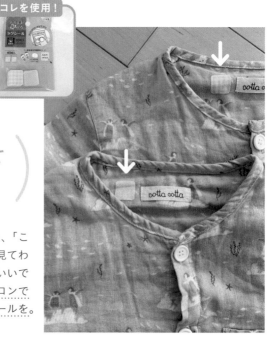

色別シールを
パジャマに貼って
「これ誰の?」と
言わせない

兄弟のパジャマが同じものだと、「こ
れ誰の?」となりがち。パッと見てわ
かるように、色違いで買うのがいいで
すが、ないときは襟ぐりにアイロンで
貼る100円ショップのカラーシールを。

習い事の月謝は
1カ月分ずつを1年のはじめに準備

習いごと

1カ月分ずつジップ袋に入れて

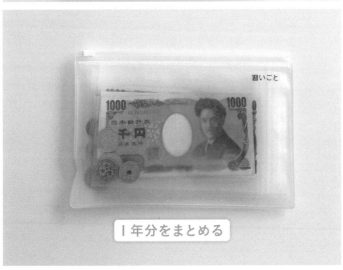

習いごと

1年分をまとめる

ぴったりお金がなくて、また後でってなると時間がかかる…。何より「〇〇しなきゃ！」がずっと頭に残るのがイヤ。12月までの月謝を1カ月分ずつジップ袋にまとめておけば、毎月、ジップ袋から取り出して月謝袋に入れるだけ。

強力マグネットを
マステでペタッと

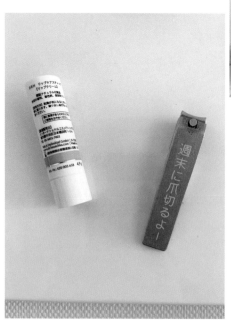

子どもの爪を切り忘れるならメッセージ収納

子どもが小さいころ、よく爪を切るのを忘れていた私…。忘れるならなるべく忘れない対策をしよう！と爪切りを見える場所に貼って、メッセージをつけていました。

薄くてハンガー同士
が絡まない

ウエストの
幅が伸縮！

ズボンハンガーは掛けやすく、長く使えるものを

クリップ式のハンガーだと、取ろうとするときに他のハンガーと絡んでプチイラッ！ 西松屋のズボンハンガーは、薄いからハンガー同士が絡まないし、片手でラクにズボンが外せます。ウエストの幅が簡単に変えられるのもいい。

「ママ、ばんそうこう取って」がなくなる収納

リビング収納の扉裏に、Seria の「ウォールポケット クリア 21」をばんそうこうサイズに切り、魔法のテープでペタッ。ゴミ袋も貼りつけているから、扉を開けてばんそうこうを取る、ゴミを捨てるの一連の流れがスムーズ！

ここにスタンバイ

魔法のテープを
ちょこっと貼るだけ

イレギュラーなアイテムは定位置を作って浮かせる

夏休みだけ持ち帰って、毎日使うペットボトルジョウロ。定番品ではないからこそ、散らかるし、収納に悩みたくない。使いやすい場所に魔法のテープを貼って仮の定位置を作り、浮かせることで、「使う」→「片づけ」がスムーズに。

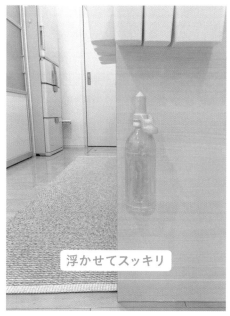

浮かせてスッキリ

最後まで読んでくださり、ありがとうございます。

この250アイデアのうち、明日から1つでもやってみようかな、そう思ってくださることがありましたら大変うれしく思います。

「はじめに」で書いたように、私にとって整理収納のきっかけとなった出来事は大変辛いものでしたが、私は、整理収納によって人生が大きく変わりました。

それは天国の娘からの贈り物であり、一生の財産になっています。

家事に仕事に育児…日々、当たり前の生活をすることは忙しく大変なことだと思います。

ですが私は忙しい方ほど、家の中を動線と仕組みで整えることで余裕の時間が確保でき、空間がスッキリすることで精神面での効果も期待できると思っています。

例えば、毎朝メイクをするときにダイニングテーブルでメイクをするのに、メイク品が洗面所などダイニングから離れた場所に収納してあったとしたら、持ってきて片づけるという数分の作業が毎日発生してしまっていると思うんです。それは日々当たり前にしていることなので、「面倒なこと」だという認識はないかもしれませんが、仮に毎日5分余分に時間がかかっているのだとしたら、1カ月で2・5時間も時間がかかっていることになります。

毎日この5分を削減できれば、1カ月で2・5時間もの時間を作ることができ、マッサージへ行ったり、本を読んだり、映画を見たり、自分への投資ができるようになります。

また、一度動線を考えた収納の仕組みを作ってしまえば、どんなに子どもたちがおもちゃを広げて遊んでいても、すぐに戻せるからいいやー！　どうぞどうぞ楽しんでね！と怒る気持ちすら湧いてこなくなるんです。こうなってしまえば、もうこっちのもの。使う場所と戻す場所を近くにして、手間をゼロにする仕組みを、家じゅうにどんどん作っていく！

そうすることで、家の中で家事をする時間は必要最低限に減らせて、忙しい中でも自分と向き合う時間ができ、使いたいことに時間を使うことができるようになります。

少しの行動が、大きな快適を手に入れる第一歩になります。

頭で考えるよりも、まず手を動かして行動してみる！ これがオススメです。使いにくいと感じたら、元の場所に戻したり、更に変更していけばいいだけです。効果を感じられたのであれば、「他にももっと改善できるところはないかな？」と快適を追求していくことが楽しくなっていき、どんどん自分の時間が確保でき、家族に優しく接することができるようになり気持ちの余裕さえできてきます。

時間ができた今、私はなるべく多くの時間を子どもや家族と一緒に過ごし、たくさんの思い出を作りたいと思っています。「あのときもっとこうしておけばよかった」。そんな後悔は絶対したくないから、今しかできないことに時間を使うことを意識しています。ものに振り回されることから解放されて、心に封印していたことや、やってみたかったことも明確になりました。

毎日生活をしていると楽しいことばかりではなく、辛いことや悩むことも色々あります。どうしようもないこともあるかもしれませんが、その中でも自らの力で改善できることが身近にあると信じています。

この一冊がそんな皆さまのお役に立てることを願っています。

最後になりますが、本を一緒に作ってくださった三橋さん、ライターの鈴出さん、関わってくださった皆さまに感謝申し上げるとともに、Instagramを見てくださっているフォロワーの皆さまにも感謝の気持ちでいっぱいです。いつもありがとうございます。

aki

aki

片づけられない、めんどくさがりやとい
う性格を武器にし、「1歩も動かない」
「秒でできる」家事や片づけを実践、紹
介。それらの手間ゼロのワザが大人気で
Instagramのフォロワーは現在32.5万人。
著書に『1秒片づけ』（学研プラス）など。

Instagram @shiroiro.home

撮　　影　aki
デザイン　河村かおり（yd）
校　　正　新居智子、根津桂子
編集協力　鈴出智里

手間<ruby>間<rt>ま</rt></ruby>がゼロになる家事<ruby>事<rt>じ</rt></ruby>ワザ250

2024年3月4日　初版発行

著　者　aki

発行者　山下 直久

発　行　株式会社KADOKAWA
〒102-8177　東京都千代田区富士見2-13-3
電話　0570-002-301（ナビダイヤル）

印刷・製本　TOPPAN株式会社

●お問い合わせ
https://www.kadokawa.co.jp/（「お問い合わせ」へお進みください）
※内容によっては、お答えできない場合があります。
※サポートは日本国内のみとさせていただきます。
※Japanese text only

定価はカバーに表示してあります。